童門冬二の
先人たちの名語録

童門冬二 著
絵／村上 保

中日新聞社

はじめに

よい言葉は健康に役立つ

書くほかに講演も多い。年令（八十三歳）のワリには顔色もよく、足取りも軽い（逃げ足は早い）。そのためかよくきかれる。

「健康法になにか秘訣《ひけつ》がおありですか？」

だれにでもおなじだが、わたしはつぎのように答える。
一　一日に六時間寝なければいけない、という〝時間に対する睡眠の義務感〟をお忘れなさい。夜中の二時でも三時でも目がさめて寝られなくなったら、そのまま起きてしまいましょう。きのうの眠りはこれで終わったのだ、と新しい日の活動をはじめましょう。
二　イヤなこと・失敗したことがあっても、「なぜこうなったのか」「ダレがやったのか」という、過度の原因・犯人さがしをやめましょう。「こうなった事実はどうすればカタがつくか」という、前むきの解決への挑戦をしましょう。
三　朝は歩きましょう。ムリをせず体力にあわせて十五分でも三十分でも。ただし雨の日も雪の日もつづけなければダメです。「きょうはヤメてあした二日分歩こう」などという横着は、結局は元へもどってしまってそれまでの努力がムダになります。

そして最後につけ加えるのが、

「胸の箱に、自分をはげます言葉をいれておきましょう」ということだ。

この本にまとめた歴史上の人物の言葉には、実はわたしにとってそういう効果をもっている。ただわたしだけに役立つものであるなら、それは、

「よい言葉のひとりじめ・私物化」

になる。より多くの人の役に立たなければイミがない。ではその言葉が多くの人の役に立つためには、どうすればよいか。

一　多くの人が体験している社会状況をよむ（一時流行した〝ＫＹ（空気がよめない）〟を逆に考える。つまりそのときの空気をよむ）。

二　おなじような状況を歴史のなかからさがす。そしてその状況を突破（解決）した人物をさがす。

三　その人物がどんな方法で対応し、そのときに自分や他人に告げた言葉

があれば、それをさがす。

というような努力をする。さいわいいまのしごとの資料は若いころから集めているので、資料さがしにはそれほど苦労はしない。つまりいまわたしたちのまわりで起こる、いろいろな社会事象についても、

「あのとき、おなじようなことが起こった」

とか、

「アイツがこんなことをいって、みごとに解決した」

という見当がつく。しごとの楽屋話のようになってしまったが、毎週中日・東京新聞に書かせていただいている言葉は、わたしにとっては健康法のひとつでもあるのだ。みなさんの健康にも役立てば、こんなうれしいことはない。

この本をまとめる過程では中日新聞社出版部の方々に、ひとかたならぬおせわになった。ありがとうございました。

二〇一一年六月

童門冬二

目次

目次

地の章

人の章

※本書は、中日新聞・東京新聞の朝刊連載から五十六編を選び再構成したものです。登場人物の生没年、本文中のルビは中日新聞社出版部によるものです。生没年では、暦法の違いにより表記に誤差が生じているケースがあります。

日本をいま一度せんたく（洗濯）いたし申し候

坂本《さかもと》　龍馬《りょうま》（一八三五 - 一八六七）

国のため、良識を結束

坂本龍馬らしい言葉だ。「日本をもう一度洗濯したい」という発想と表現がさわやかだ。文久三（一八六三）年六月二十九日付で、土佐（高知県）の姉乙女にあてた手紙のなかの一文だ。

第十四代将軍徳川家茂《いえもち》が上洛し、孝明天皇に、「攘夷《じょうい》期限はことし（文久三年）の五月十日といたします」と奉答した。この報を待ちかまえていた長州藩は、関門海峡を通過する外国船を、片っぱしから砲撃した。怒ったイギリス・フランス・アメリカ・オランダの四カ国は、連合艦隊を組んで報復を企てた。徳川幕府はこれを黙認していた。龍馬はけっして過激な攘夷論者ではなく、幕臣のなかにも〝話のわかる人物〟がいると思っていた。しかし外国による国内の藩（大名家）攻撃を黙認する幕吏《ばくり》、姦吏《かんり》であり売国奴《ばいこくど》だ、と感じた。かれが日本を洗濯したい、といったのは、こういう姦吏を退治して、「心ある大名や幕臣や志ある民間のオピニオンリーダーたちの、日本国を思う良識の結束」をうながしたのである。

当時のかれは、勝海舟の門人となり、勝のいう〝一大共有の海局〟をつくるために、その海局をになう人材育成をめざす「神戸海軍操練所」の設立に奔走《ほんそう》していた。海舟の構想は、

・いま日本の海軍は幕府と藩がバラバラにもっている
・これでは外国に攻められたときに、まとまった防衛力にならない
・この際思いきってこれらの海軍をまとめ、〝一大共有の海局（日本国海軍）〟とすべきだ

・それには、そういう新しい意識をもった軍人が必要なので、神戸に操練所をつくる

というものだった。龍馬はそのための資金あつめに走りまわっていた（越前の松平春嶽《しゅんがく》から五千両の資金を借りてくる）。

このころの龍馬は、「人とカネも思うとおりにうごく」「ひとりの力で天下もうごく」などと、かなり自信をもっていた。が、「だからといって、けっしてつけあがることなく、泥のなかのスズメ貝のように、つねに鼻の先に泥をつけ、砂をかぶって生きるつもりだ」と告げている。所詮《しょせん》組織（藩）の力にはかなわない。〝個人志士〟の限界の自認を表明しているのだ。つくられた操練所の学生のなかから、池田屋事変・禁門の変で反幕行動に参加する者が出て、せっかくの操練所も廃止される。

民の支持を得よ

奇兵隊諭示

〝草の根軍団〟の高い規律

奇兵隊は高杉晋作《たかすぎしんさく》が組織した、長州藩のユニークな軍団だ。奇兵というのは、長州藩の武士による正規兵に対する表現だ。農工商によるいわば〝草の根軍団〟といっていいだろう。

このころ長州藩は、禁門の変による御所突入の罪をとわれ、幕府の征伐軍をむかえようとしていた。また文久三（一八六三）年五月十日の〝攘夷《じょうい》期限〟をまもり、下関（馬関）海峡を通過する外国船を片っぱしから砲撃したので、被害をうけた外国（イギリス・アメリカ・フランス・オランダ）の連合艦隊の報復をうける状況だった。高杉は、・この危機に真正面から立ちむかう。そのため長州藩は割拠《かっきょ》

（自主独立）する

・防衛軍は藩の正兵はあまり役に立たない。草の根の奇兵のほうがつよい

と判断した。この判断は正しい。武器が古くて連合軍には敗退したが、奇兵隊はじめ藩軍以外の諸隊はよく戦った。第二次長州征伐軍は、諸隊によって各方面で撃退された。

長州藩はこのころ藩の行財政改革を成功させ、〝三白〟と名づけた蠟《ろう》・和紙・塩などの産品を、つぎつぎと他国へ輸出していた。藩の軍事費は産業振興で得た利益でまかなわれた。

この改革は村田清風《むらたせいふう》らによっておこなわれ、その主眼は「萩（藩都）の特権商人をしりぞけ、生産者を優遇する」というものだった。師の吉田松陰はこれを支持し、松下村塾の門人を現場にいかせて、実践させた。高杉もそのひとりである。したがって高杉は

・政治行動にも生産点や物流面担当者の支持が要る
・それには、普段からうわべだけでなく、心からかれらを大切にしなければならない
と考えて、諸隊のひとつ「膺懲隊《ようちょう》」の幹部と相談し、隊員への「諭示」として発布した。
・農民には礼をつくし、譲の精神を発揮すること
・牛馬に会ったら道脇にしりぞいて、これを通すこと
・田畑を踏み荒らしたり、農事の邪魔をしないこと
などキメこまかい。口先だけでなく、真に現場に密着した〝心がまえ〟を説いたのである。

長州藩は生産者優遇の施策立案のために、萩城のもっとも枢要な場所（獅子の間）に、「撫育方《ぶいくかた》」という役所を設けた。また産品輸出のために、上関《かみのせき》・中関《なかのせき》・下関《しものせき》の三港に「越荷方《こしにかた》」という、交易所を設けた。ハンパな対策ではなかった。

小人と争うな、必ず敗《ま》けるぞ

藤《ふ》田《じた》　東《とう》湖《こ》（一八〇六－一八五五）

豪傑は疎略《そりゃく》、細事《さいじ》が苦手だ

幕末の水戸藩は〝尊王攘夷《じょうい》の総本山〟といわれた。幕末は第二の戦国時代である。第一の戦国時代が、刀・槍《やり》・鉄砲などが時代を動かす武器だったが、幕末は思想と言論が大きな武器になった。

ペリーの来日以来、日本の国論は二分され、尊王攘夷論と佐幕《さばく》開国論にわかれた。しかしこの大別は必ずしも正確ではない。尊王開国論者（横井小楠《しょうなん》など）もいたし、佐幕攘夷論者（近藤勇など）もいた。水戸藩主徳川斉昭《なりあき》は熱烈な尊王攘夷論者だが、そのブレーンが藤田東湖である。水戸学者幽谷の息子で、藤田家は古着屋の出身だったという。そのせいか東湖は身分など気にせず、おおらかな豪傑だった。

無類の酒好きで、いくら飲んでも乱れることはなかった、という。斉昭就襲の際に揉《も》めたが、東湖は一貫して熱烈な斉昭擁立派で、その先頭に立っていた。熱血漢だ。

斉昭は天保年間にドラスチックな藩政と学制の改革を実行した。推進力になったのは、東湖とその指導する下士グループである。機構改革・弘道館の設立・エゾ地の新領地申請など、画期的な策を立てている。すべて東湖が関与している。しかし藩内の寺の鐘を鋳《い》つぶして、大砲の原料にするなどの策もあったので、お坊さんが結束して幕府に訴えた。「改革がいきすぎである」と断ぜられて、斉昭は罪を得、東湖もきびしい謹慎刑に処された。ペリーがくると、斉昭は「海防参与」に登用され、東湖は幕府海防掛の一員になった。謹慎中に書いた「正気歌《せいきのうた》」「回天詩史」「常陸帯《ひたちおび》」などは、志士のバイブルになった。訪問者はかぎりなく、横井小楠・川路聖《とし》謨《あきら》・梅田雲浜《うんぴん》・佐久間象山《しょうざん》・西郷隆盛などは、その代表だ。

豪傑肌だったが、実は細心で人間の心理によく通じていた。かかげた言集は意訳すると、

・自分は斉昭公とよく小人狩りをしたが成功しなかった

・その理由は、豪傑は自分が不正をおこなわないので、なにごとも疎略《そりゃく》だ

・これに対し、小人は、女性やこどもにまで気をつかって、その機嫌をとりきらわれないように努力する。つまりいつも油断しない

・疎略と油断では疎略が敗《ま》けるにきまっている。だから自分はいつも小人のためにポストを逐《お》われた

東湖は安政二年十月の大地震で、母を救おうとして圧死した。以後斉昭は精彩を失う。

治民の要は失業者をなくすことだ

島津《しまづ》 斉彬《なりあきら》（一八〇九－一八五八）

雇用の創出で財政健全化

「治民の要は人をして空手、為《な》すなきに終わらしめざるにあり」(政治でもっとも大事なのは、失業者を出さないことだ)

島津斉彬は幕末の薩摩《さつま》藩主で、希代の〝名君〟と称された。いまでいうグローカリストだった。つまり、薩摩一国のことだけを考えるのではなく、日本国全体のこと、そして国際社会のことまで考えるべきだ、と主張していた。ローカル(地方)の課題を処理するためには、ナショナル(国家)、グローバル(国際的)な視点に立つべきだ、と考えていた。この見識は時の老中筆頭(総理大臣)阿部正弘を感心させ、阿部は外様《とざま》大名の斉彬を、幕閣に入閣させよう、と策したほどだ。

しかしこのいわば〝保革連合政権〟構想は、あいつぐふたりの急死によって幻に終わった。阿部が斉彬を閣内にひきこもう、とした意図には、薩摩藩の財力をアテにした向きもあった。斉彬の養女篤姫《あつひめ》を、将軍家定《いえさだ》（十三代）の妻にむかえたのも、この意図のあらわれだ。篤姫の持参金に期待したのだ。薩摩藩はゆたかだった。しかしその富は、前代におけるすさまじい藩政改革（南方諸島の黒糖の搾取・琉球の清国との貿易のピンハネなど）によって得られたものである。

斉彬はこの改革を、

・輸入品（外国からだけでなく他藩からも）の藩内生産への切りかえ

・これによって雇用の創出をおこない、藩内失業者を救済する

・製品の量を増すため機械を導入する

という方針で展開した。いまも鹿児島市内の磯《いそ》庭園にその跡が残っているが、当時この地域はリバプールか、ピッツバーグのような様相を呈していた。設けられた工場には、毎日何千人もの働き手がかよった、という。ただ、斉彬自身が、「これは失敗した」とみずから反省し、親しい越前（福井県）の松平春嶽《しゅんがく》（慶永《よしなが》）に語った言葉がある。意訳する。

・綿布も増産するために外国から機械を買った
・性能がよく期待どおり稼働し、多量の綿布が生産された
・ところが四、五カ月で一年分の藩内の原料を使いきってしまい、他藩から原料を買わざるを得なくなった
・原料の生産地に多数の失業者を生じ、機械使用をうち切った

この件に関し斉彬は「機械使用後の事前調整を怠った」といっている。やはり名君だ。

今夜からグッスリ寝られるよ

川路《かわじ》　聖謨《としあきら》（一八〇一―一八六八）

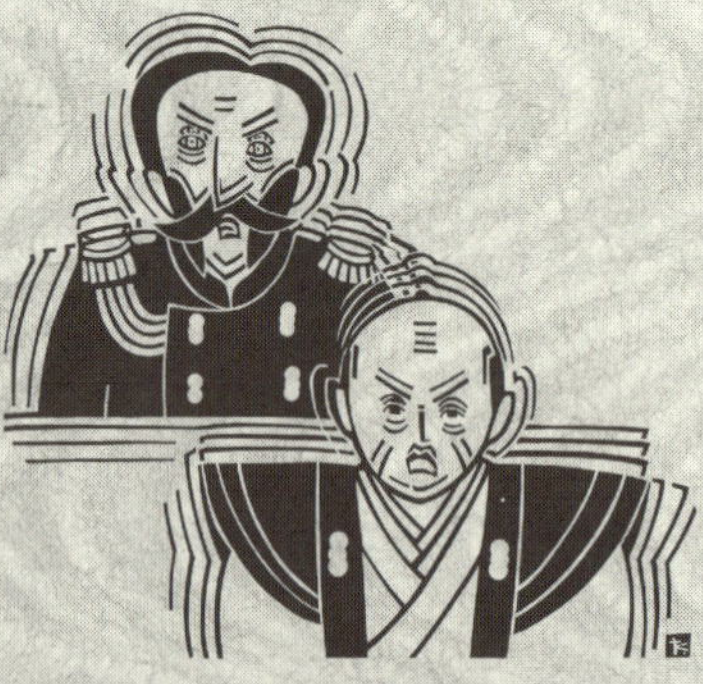

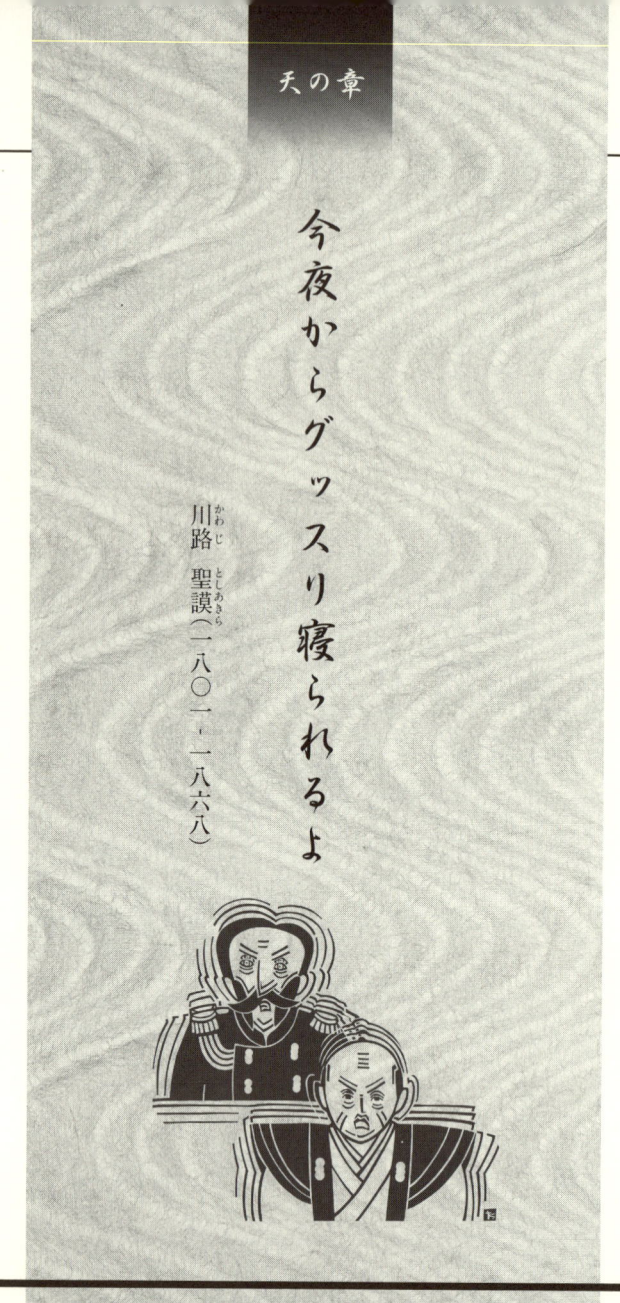

津波と日露交渉の深い関係

幕末における「日露和親条約」は、安政元（一八五四）年十二月二十一日に調印された。日本側の代表のひとりだった川路聖謨《としあきら》は、この成功を、

「一に公儀の御威光、二に関係役人の苦労、三につなみ…」

とその理由を書いている。そして、

「今夜からグッスリ寝られるよ（今夜はじめてよくね申し候）」

とつけ加えている。ロシア代表はプチャーチンという海軍の高官だったが、日本側に対し、

「このたびの御親切な扱いには、感謝の言葉もない。これか

らは命あるかぎり、日本のために悪いことはぜったいにしない。カラフトのことは少しも心配される必要はない（意訳）」とのべたという。が、川路は「決して油断はできない」と付記している。人間巧者のかれは相手をよく見ていたのだ。

さて川路が調印の成功の理由に「三　つなみ」と書き、プチャーチンが「このたびのご親切な扱い」と礼をのべたのは、いったいなにがあったのだろうか。

実をいえばこのときの日露交渉には〝地震と津波〟が、大きなかかわりをもっているのだ。

プチャーチンと川路が二回目の交渉に入った安政元年十一月四日の午前九時ごろ、突然グラリときた。大きなゆれだ。交渉を中止して川路は外に出、裏山にのぼった。

たちまち津波がきた。人家や繋船《けいせん》が陸地に押し流されてくる。それもとぶがごとくだ。

「恐ろしいともなんともいいようがない」

と川路は書いている。この津波でロシア側は乗ってきたディアナ号を大破された。日本側の協力で修理したが、出航後沈没してしまった。

そこで代船を新造することになり、プチャーチンは日本側に協力をもとめた。川路は船大工を動員した。そして、

「洋式船体のつくりかたをパクれ」

と命じた。船大工たちはそのとおりにした。しかしこの事件は美談として世に伝えられた。伊豆の戸田にある「造船郷土資料博物館」の入り口にある、両国（昭和四十四年の建立なので当時は日ソ）友愛の像の碑文は、

「日本とソ連の友好はここ戸田の港から始まった」

と書き出されている。

〝ええじゃないか〟は討幕派の人心攪乱《かくらん》か

福地《ふくち》 源一郎《げんいちろう》（一八四一－一九〇六）

騒ぎは政治的計略と推測

福地は号を桜痴《おうち》といい、幕末から明治にかけて言論活動をおこなったジャーナリストである。その言説の拠《よ》るべきところは、徹底した〝親幕（徳川幕府擁護）〟派だった。大政奉還に反対し、「薩長と戦うべし」と幕府に主戦論を唱えている。維新直後に「江湖新聞」を発行。新政府の戊辰《ぼしん》戦争を非難攻撃した。「江湖新聞」は発行禁止、福地は逮捕された。その後「東京日日新聞」の主筆となり、「政府の御用新聞をつとめる」と宣言して、自由民権運動と対立した。西南戦争で薩摩軍を非難し、西郷隆盛に降伏勧告書を送ったりしている。

もともとは医師の家に生まれ、オランダ語をまなんでオランダ商館で通訳をつとめた。その後幕府の御雇通辞として御家人になり、江戸に出た。文久元（一八六一）年と、慶応元（一八六五）年の二回、渡欧している。

慶応三（一八六七）年の十一月大坂に用があり、船で兵庫にいき、上陸して西宮にむかった。ここで〃ええじゃないか〃の騒ぎに遭遇した。福地は幕府の御用を果たすための労働者をもとめたが、騒ぎのためにひとりも得られない。役人もお手あげだ。福地は書いている。

「此《こ》の踊りは、このころ諸神の御札が空より降ること所々に流行し…市民はこれを豊年の吉瑞《きちずい》とし、〃ええじゃないかええじゃないか〃という句に、野卑猥褻《やひわいせつ》なる鄙詞《ひし》を挿《さしはさ》みて、おかしき調子にて唄《うた》い、太鼓・小鼓・笛・三味線の鳴物《なりもの》を加え、老若男女の差別なく、花やかなる衣服を着て、市中を踊りめぐりて騒ぎ歩き行けるなり」

実際にはこの集団は、男が女装、女が男装して普段からにくんでいる富商や豪農の家に乱入した。飲食のかぎりをつくし、高価な品をもち去った。〝これをくれてもええじゃないか〟と踊りながら。関東地方から中部・近畿地方にかけて、一カ月以上つづいたという。福地はこう結論づけている。

「この御札降りは、京都方の人々が、人心を騒擾《そうじょう》せしむるために施したる計略なりき」

京都方というのは京都朝廷と、これに与《くみ》する討幕派の軍勢のことである。西宮にはそのころ、まだ朝敵のレッテルを貼《は》られている長州藩軍が、続々と上陸していた。福地には踊りはそのカムフラージュにみえた。同時に政治不信の念を溜《た》めに溜めた、民衆のエネルギー発散策（ガス抜き）に思えたのである。

我《われ》東洋の男児と生まれ

岩崎《いわさき》 弥太郎《やたろう》（一八三五－一八八五）

和魂洋才の精神抱え持つ

明治政商の奇傑岩崎弥太郎の遺言の冒頭文だ。弥太郎は明治十八（一八八五）年二月七日に、数え年五十二歳で亡くなった。死因は胃がんだったという。

その風貌《ふうぼう》から強引で剛毅《ごうき》な性格を印象づけられるが、実際のかれは漢学者であり、漢詩人だ。おなじ土佐（高知県）出身の坂本龍馬《りょうま》と対比されるが、人間の質と生きかたはまったくちがう。らんぼうな分けかたをすれば、龍馬は日本の政体改革をめざす、いわばナショナリストである。そのため日本をうごかしそうな権力者や組織とも積極的に接触交流した。そして、かれ独特の第三の思考法（AかBでなく、Aも

Bも包含するCの発想)で、混乱する政情を整合していった。〝薩長連合〟など、いまでいえば民主党と自民党を連合させたようなものだ。当時の先入観や固定観念にしがみつく層には、こんな発想はとてもできない。

こういう龍馬の行動に対し、岩崎弥太郎はほとんど身じろぎもしない。ナショナルレベルでの政情にタッチしないだけでなく、ローカルな自分の属する土佐藩の政治動向にも静観を保つ。

母方の医者・学者の先輩にかこまれながら、やはり学者としての父のもとで、若き日をほとんど私塾の経営ですごす。門人に、のちに坂本龍馬の海援隊にはいる近藤長次郎や池内蔵太《くらた》などがいたのはおもしろい。

生地は高知市から三、四十キロはなれた安芸《あき》市だ。現在も生家が保存されている。付近の川の改修工事や地域産業の振興などを指導している。一時期は後藤象二郎の紹介で、藩の学者重役吉田東洋に登用されたこともある。しかし自分からの接近ではない。地域の振興（しいていえば自治）と、後進の教育育成に力をそそいでいた。そして折々漢詩をつくっていた。

中央志向の龍馬に対し地域志向だといえる。そして反権力の姿勢をつらぬく。後年のかれからは想像もつかない姿だ。漢学者に共通する〝和魂洋芸〟（才。日本人の精神を忘れずに、外国の科学を活用する）の精神がかれにもあった。遺書の冒頭文は「我東洋の男児と生まれ事業を創《はじ》め未《いま》だ其《そ》の業の三分の一も成し遂げず今将《まさ》に痛みて死するは如何《いか》にも残念なり」というものだ。

ここにいう〝東洋の男児〟とは、そのまま〝和魂〟のことだ、とうけとめてもまちがいはあるまい。

参加者はすべて平等だ カラカサ連合

毛利《もうり》 元就《もとなり》（一四九七‐一五七一）

戦国の地域小企業連合

関西の七府県（大阪・京都・滋賀・兵庫・和歌山・鳥取・徳島）が参加する、「関西広域連合」が発足するという。「関西州につながるのではないか」という意見も出たので「そのまま道州に転化するものではない」と、設立規約案にことわりが明記されたという。

この連合で扱う事業は七つあって、広域防災、観光、文化、産業振興、医療、環境保全、資格試験、職員研修などを想定している。参加する府県も、これらのすべての事業に対してではなく、さまざまな選択をしている。

とはいえ、国（政府）とのあいだにいろいろとあつれきが起こることは避けられない。地方主権の確立に大きな牽引車《けんいんしゃ》になるのか、注目される。戦国時代、毛利元就が山陽・山陰・北九州・四国の瀬戸内海側に、広域的な自治行政区域をつくった。道州の実現である。

元就は安芸(広島県)の吉田庄郡山城に拠点をおいていた。それが前記広域圏の支配者にまで発展するキッカケは、カラカサ連合である。カラカサ連合というのは、ある目的を達成するために連合する、参加者の連判状のことだ。ふつうは右から左に役職者を頭にして書きならべる。しかしこの書きかただと、企てが失敗したときの責任は頭首に集中する。そこで、「だれがアタマでだれがシッポだか、わからないようにしよう」という考えが湧《わ》いて、雨具のカラカサをひろげ、上からみたカサの骨の放射状を利用したのだ。元就は最初この方法を家臣団にたのまれて活用した。戦国の家臣団は、それぞれ土地と農民(収入源)を保有する小領主である。そのため、土地の境界・水利権・治安・火災など始終トラブルが起こった。家臣たちは自分たちで調整しきれずに、ついに元就にその処分を要望した。これはある意味で、家臣たちがいままでもっていた地域の自治権を、主君の元就にゆだねた、ということになる。しかしそういう共同意識をもたなければ、戦国大名としての毛利家は存立できない。

このころ中国地方には西に大内氏、山陰に尼子氏がいた。いまでいう企業の合併・買収(M&A)をしきりにおこなっていた。食われそうになった地方豪族は、いっせいに元就に救援を頼んだ。このときに元就はカラカサ連合をつくった。加盟者を平等に扱い、共通問題を処理し、そして大内・尼子に対抗しよう、というものだ。結果的には、この地域小企業連合が大内、尼子という大手を倒す。

江戸城天守閣再建に国費を使うな

保科《ほしな》　正之《まさゆき》（一六一一－一六七二）

被災者救済を第一に

保科正之は第三代将軍徳川家光の実弟だ。父は二代将軍秀忠で母は北条氏の旧臣神尾某の娘だった。

秀忠の正妻のお江《ごう》（小督、お江与とも）は非常に嫉妬《しっと》ぶかく、このことを知って正之をひそかにあの世に送ろうとした。が、老臣土井利勝が同情し、武田信玄の娘見性院に養育を依頼した。

七歳になって信州（長野県）高遠《たかとお》の城主保科正光の養子になった。二十一歳のときに養父の跡を継いだ。やがて正之の存在は家光の知るところとなり、「わしにそういう弟がいたのか」とよろこんだ。厚遇され、出羽山形城主、会津若松城主を歴任した。松平の姓も与えられている。家光の厚遇は、家光自身、生母の江に冷遇されたので、屈折した複雑な思いの結果だろう。

正之は家光の厚遇に感謝し、家訓のなかで、「当家はほかの大名とちがって、とくべつに大君（将軍）の恩をうけている。一心大切に忠義をつくさなければならない」と戒めている。学問を好み、神道を大切にした。正式なポストにはつかなかったが、つねに老中（閣僚）たちを指導し、老中たちも正之に従った。正之はのちに〝大老〟に任命された。

浪人の再雇用や、江戸への玉川上水の引きこみなど、キメ細かい政策を指導している。こどもの時から苦労したためだろう。

明暦三（一六五七）年一月に江戸で大火災が起こった。〝ふりそで火事〟とよばれるものだ。被害は甚大で江戸は焼け野原になった。浅草には幕府直参《じきさん》たちの米を収蔵している蔵がある。担当の役人が「町々から住民を動員して蔵を守らせましょう」といった。正之は首をふり「いや、蔵から米をはこび出した者にはその米を与えると告げよ。そうすれば被災者も救われる」といい実行させた。

松平信綱を中心に復興計画は論議された。信綱は現領地である川越（埼玉県）で、大火を経験していたからである。このとき、「江戸城の天守閣再建」が議題になった。

正之は反対し、「貴重な国費は被災者の救済に使うべきである」と主張した。みんな賛成した。したがって現在も皇居内の〝江戸城天守閣〟は、再建されることなく、土台だけがのこっている。

身分をこえて楽しもう

松平《まつだいら》　定信《さだのぶ》（一七五八‐一八二九）

山水の高きひききも
隔てなく共に楽しき
円居すらしも
定信

福祉路線のアイデア殿様

福島県立南湖公園内にある茶室「共楽亭」の、命名の趣意を示す言葉だ。この公園をつくったのは、白河（福島県）藩主松平定信だ。のちに幕府の老中筆頭（総理大臣）になり、「寛政の改革」を展開した。定信の祖父は八代将軍徳川吉宗で、吉宗も「享保《きょうほう》の改革」をおこなった。定信の改革はこれを模範とした。ともに愛民の理念をかかげ、とくに少子化対策に力をいれた。

定信は白河藩主のころ、〝間引き〟（人為的に人口調整する悪習）を禁止し、その対処法として、食糧の増産と農民所得の増加もはかった。南湖公園はもともとは、新田開発用の灌《かん》

漑《がい》用水の水源である。しかし定信は、「単に用水の水源とするのはもったいない」と考え、
・南湖（沼）のまわりに、四季折々に花を咲かせ、紅葉する植物を植える（これは祖父吉宗が、江戸の飛鳥山や隅【墨】田川堤などに、桜の名所をつくったのを範とした）
・工事には藩内の失業者をあてる
という、いわば〝一石二鳥〟の方法をとった。これらの計画、実行には、城下町の高齢者を城に呼んでごちそうし
・そのチエを借りたともいう
・そしてこれがいまの〝敬老の日〟のルーツだともいう
ちなみに南湖公園も「公立公園」のハシリだ、という説もある。南湖ではコイやナマズを養殖し、藩民の栄養食材にした。

公園が完成すると定信は歌をつくった。

山水の高きひきき《く》も隔てなく　共に楽しき円居《まどい》すらしも

入園者は、すべて身分を忘れて円座をくみ、酒をのんだり、お弁当を食べたりしてたのしもう、ということだ。

この善政は全国的に有名になり、多くの大名や文化人たちの話題になった。将軍のおひざもとの江戸市民にもしられた。

当時の幕政（中央政治）は、老中筆頭田沼意次《たぬまおきつぐ》によっておこなわれていた。田沼は輸出に重きをおき、国内資源の活用にチエをしぼった。また輸入品（漢方薬など）の国産化にも努力した。そのため経済の成長率が高まった。が、田沼にはわるいうわさが立っていた。ワイロをとるというのだ。江戸市民はマユをひそめた。

「よごれた政治を浄化すべきだ」という世論が湧《わ》いた。〝清い政治家〟待望論が落首になった。〝田や沼や　汚れた御代を改めて　清く澄ませ白河の水〟。登場したのが定信である。

天の章

もとの濁りの田沼恋しき

落首《らくしゅ》

白河の水清すぎて魚すめず

無教養と思われる江戸の長屋の住民も、おどろくほど政治感覚は鋭い。政策展開の末端にいて、いいにつけわるいにつけ、その波しぶきをモロにかぶるからだ。こういう人びとの生活感覚を、巧妙に代弁するのが落首だ。作者の名はわからない。わかるはずがない。真っ向から政道批判するのだから、いまとちがって生命の危険すら感じる時代だ。

市井《しせい》の片隅に住むインテリ浪人か、貧乏学者、あるいは戯作者《げさくしゃ》か狂歌師だろう、などといわれているが、作者があきらかになったことはない。「経済は伸びたが、政治責任者がワイロで汚れている。清く澄ませたい」という世論に招かれて、白河藩主松平定信が江戸城にはいり、老中筆頭（総理大臣）となって、大改革（寛政の改革）をはじめた。まず幕府から田沼派を一掃。そして白河藩で成功した〝人間尊重〟の政策のかずかずの中央政治化。「私心を去り、上下心を一つにして、公共のためにつくすこと。倹約を守り民の模範になること」。これが改革の趣旨だった。

しかし江戸城の役人群は、田沼政治のわるい毒に汚染され、多くがブッタルンでいた。定信は綱紀粛正のために、幕府役人に〝武士の原点〟に戻ることをもとめた。つまり「文武にはげめ」ということである。それがあまりにもきびしいので、こんな落首がはやった。

世の中にか（蚊）ほどうるさきものはなし　ぶんぶ（蚊の羽音）というて夜も寝られず

急激な改革をいやがるのは、いつの時代もおなじだ。しかし定信はヒルむことなく、自分の信念を政策化した。米価の安定・米の増産・社会的弱者の保護・受刑者の社会復帰助成・学問の奨励・倫理の確立、そして新しく日本国の国防対策の樹立、そのために必要な正確な地図の作成などである。が、政策の基本的態度は、「重農賤商主義」で、〝武士は食わねど高楊枝《たかようじ》〟的精神主義だ。なかなか新しいニーズ（需要）は湧《わ》かず、雇用の創出も思うようにいかない。結果として経済ものびない。

庶民はこらえ性がない。すぐに結論を出したがり、判定する。定信は朝廷と将軍家から、道理に合わない難問を押しつけられていたが、庶民は自分たちの生活好転が感じられないので、ついにつぎのような落首を詠《よ》んだ。

白河の清きに魚もすみかねて　もとの濁りの田沼恋しき

深刻な問題を含んでいる。

国境の領土は幕府直轄《ちょっかつ》にしよう

安藤《あんどう》　信成《のぶなり》（一七四三－一八一〇）

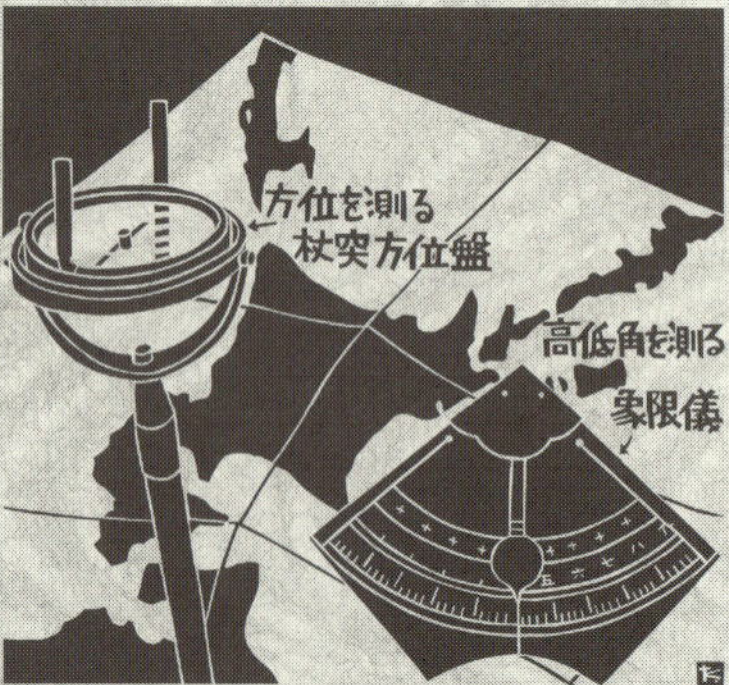

国防は地方に任せられない

安藤信成は磐城平《いわきだいら》（福島県いわき市）藩主で、寛政五（一七九三）年八月から享和二（一八〇二）年九月まで、老中（幕府閣僚）をつとめた人物である。

この直前に老中筆頭の松平定信（白河藩主）が辞任しているから、その交代として、あるいは以前から定信が推挙《すいきょ》していたのかもしれない。「国防担当相」であった。老中就任前も、寺社奉行・若年寄などを歴任して、定信の〝寛政の改革〟をよく補佐している。定信は〝尊号事件〟で退任するが、信成は、「安心してあとをまかせられる後輩」であった。定信が在任中、新しい政治課題が現れた。「北方領土の問題」である。

具体的にはロシアやイギリスの〝日本領土への侵犯問題〟であった。ロシアはピョートル大帝以来の悲願である〝凍らない港〟を求めて、しきりに南下策を繰り返した。時には日本の領土に上陸し、武力で現地住民を制圧した。イギリスはしばしば日本領土周辺を測量した。

国内改革を推進していた定信は、この問題を重視し、国土防衛のために、多くの探検家をエゾ（北海道）やカラフト（サハリン）へ派遣した。

呆《あき》れたことに国土防衛の基礎になる、正確な日本地図がなかったからである。近藤重蔵《こんどうじゅうぞう》・伊能忠敬《いのうただたか》・間宮林蔵《まみやりんぞう》などが活躍した。海商として高田屋嘉兵衛《たかだやかへえ》なども協力する。

民間のオピニオンリーダーも、活発に自分の考えを発表した。世論が高まった。

定信のあとをうけた信成は考えた。当時、エゾの大名は松前氏だ。信成が考えたのは「この問題（国防）を、一大名にまかせておいていいのか？」ということだ。いままでいえば国防という国政の重大問題を、一地方自治体の首長にゆだねておいていいのか、ということだ。信成は決意した。「エゾを幕府直轄地にして、国防問題を国政の緊急課題としてうち出そう」ということである。そこで寛政十一（一七九九）年一月十六日、老中の名をもって松前氏あてに、つぎの指令を出した（文意を尊重しつつ文章を平易化）。「このたび（将軍から）異国との境のお取り締まりを仰せつけられたので、東エゾ地のうちと（付属する）島々まで、当分御用地（直轄地）仰せつけられ候間、そのおもむきを承知してもらいたい」

・当分の間というのは七年としてある

・地域はウラカハ（浦河）からシレトコ（知床）まで、と日本領の全島としている

エゾ地は幕府の直轄とする

松平《まつだいら》 信明《のぶあき》（一七六二‐一八一七）

外交問題は地方では無理

文化四（一八〇七）年三月二十二日、老中筆頭松平伊豆守信明は、エゾ島主松前若狭守章広に対し、つぎのような示達《じたつ》（意訳）を出した。

・エゾの地（北海道）は古くから松前家が管理してきたが、国境の島々が外国と対応するのには、いろいろむずかしいことが多いので、この際エゾ全土を幕府の直轄《ちょっかつ》とする

・かわりに松前家に対しては、新領地として九千石を与える。どこの土地にするかは追って知らせる

同時に当主章広の父で隠居していた道広に対し、つぎのような叱《しか》り状を出している（意訳）。

・その方（道広）が当主の時代は、エゾの治政がうまくいかず、異国への対応も手抜かりが多かった
・にもかかわらず、その方は隠居後の言行もよろしくない
・ふらちなので永蟄居《えいちっきょ》（死ぬまで監禁）を命ずる

前掲の示達とあわせて読むと、前代の道広の対応がまずかったので、いま外国とのあいだにトラブルが起こっている。まかせておけないので、エゾの管理は幕府が直接おこなう、というふうにうけとれる。

しかし道広は実際には開明的な賢君で、先住民族であるアイヌに対しても、それなりの配慮をしている。ただ交際範囲が広く、とくに薩摩藩主と仲がよかった。

また〝寛政の三奇人〟のひとり、高山彦九郎を近づけてはその話を聞いている。こんな行動が、

「松前道広に反幕の疑いあり」

と警戒されたのではなかろうか。示達を出した松平信明は、三河（愛知県）吉田（豊橋市）の藩主で、大河内系の松平氏である。学者肌の大名で書家として有名だ。いきさつはともあれ、このときの信明の決断はいまでいえば、

「国境に面する地方の行政は中央政府が直接おこなう」

という意思表示である。現在におきかえれば、北方領土や対馬方面の地域は、政府が直接管理する、ということだ。もちろんその地域の自治意思が主体になるが、筆者個人の考えでは、

「外交問題などにおいて、時に当該自治体の責務能力をこえることがあるのではないか」

と思うこともある。日本の国防問題を正式な政治課題にしたのは、〝寛政の改革〟の推進者松平定信（白河藩主）である。松平信明は定信のよき補佐者だった。

名人はさすがにちがう

大岡《おおおか》 忠相《ただすけ》（一六七七‐一七五一）

ご名算…増産人事も名裁き

大岡忠相は〝名江戸町奉行〟といわれたが、かれの職務は江戸市政にかぎられたわけではない。仕える主人の八代将軍吉宗は〝米将軍〟といわれていた。それは吉宗が、

・米価を諸物価の基準にする

・少子化の原因が、農村における食糧不足による〝間引き(人工的な出産調整)〟にあるので、これを禁止する

・そのため食糧の増産をおこなう。関東地方で積極的な新田開発をおこなう

という方針をたて、大岡に「関東地方の新田開発を特命する」と命じたからである。大岡は頭をかかえた。というのは、

・米は幕府財政を支える主税なので、その生産指導や管理は勘定所《かんじょうしょ》（財務省）の所管であること
・担当として勝手掛老中や勘定奉行がいること
・そして現地での農業指導は、代々伊奈家がおこなっていること

などの事情があった。吉宗の命令は、これらの壁を全部こえるか、無視しろということなのである。またいままで江戸町奉行の職責が、ここまでひろげられた例はない。

しかし改革をすすめる吉宗は、そんな事情は百も承知だ。ムリを知ったうえで吉宗がこんな命令を下したのは、

・勘定所の役人や、地方の代官がタルんでいて、仕事に不熱心だ
・農村での伊奈流の農業指導は、マンネリズムに陥っている。吉宗が藩主だった紀州の農業技術を導入する必要がある

と考えていたからだ。それには、たとえ所管外でも大岡をその任にあてるのが、もっとも効果的だ、と判断したのだ。さいわい勝手掛老中の水野忠之（岡崎藩主）は、吉宗の腹心であり、大岡にも好感をもっていた。自分の職域をおかされても逆に、「ごくろう、しっかりたのむ」と大岡をはげました。ただ「帳簿の整理だけはしっかりお願いする」といった。大岡はその助言を大切にした。そこで当時ソロバンの名人といわれた野田文蔵を招いて、この担当にしようと思った。それには採用試験が必要だ。

野田を奉行所によんだ大岡は事情を話し、「そういう次第で試験をおこなう。百を二で割るといくつになるか？」ときいた。野田は持ってきた荷物のなかからソロバンを出し、パチパチとはじいた。「五十にあいなります」と答えた。大岡はニッコリ笑い、「さすが名人である」と満足した。

天下の急病には、まず毒薬を使いましょう

山田《やまだ》　方谷《ほうこく》(一八〇五-一八七七)

時には非常手段を断行

文字どおり毒薬を病人にのませる、というイミではない。常識では考えられない思いきった手段を講じよう、ということである。

山田方谷は、幕末の備中松山藩（岡山県高梁市《たかはしし》）の家老だったが、あるとき思いきって藩民の信用を失っている藩札（藩内だけで通用する私的貨幣）を集め、これを高梁川の岸で、〝公開焼却〟をおこなった。こういう非常手段をかれは〝毒薬〟といったのである。

徳川時代の藩（大名家）は十割自治だ。藩政をおこなう費用はみずから工面《やりくり》しなければならない。地域産品がその財源になるが、それだけでは足りない。どうしても藩札を発行する。

藩札は当然正貨（幕府発行の貨幣）との兌換《だかん》性（引き換えの可能性）がなければならない。だとすれば、藩札の発行額はその藩がもっている正貨の額が限度である。

しかし赤字に苦しむ藩はそんなことはいっていられない。手持ちの正貨の五倍、十倍、ひどい藩は数十倍も発行する。そして藩内の生産者からは藩札で産品を買いあげ、専売として他に売るときは正貨で買わせる、というような巧妙な手で、藩財政を保とうとした。

が、思うとおりにはいかない。生産者のほうも正貨での買い取りをもとめ、無理やり藩札を渡されると、やがては取りつけさわぎに発展する。藩はうまく収拾できず、大混乱になる。

山田方谷は農商民出身で、佐藤一斎《さとういっさい》にまなんだ。経済という言葉の意味を「乱れた世をととのえることだ。単なるソロバン勘定ではない」と、正しく理解していた。かれの主人（松山藩主）は板倉勝静《いたくらかつきよ》だ。滅亡寸前の幕府老中（宰相）としてかなり頑張った。

　ほとんど藩にいないので、方谷が留守をまもった。方谷は理念をもっているので、「藩政がなめらかにおこなわれるためには、なによりも藩民の信頼が必要だ」と考えていた。しかし藩札の評判はわるく、ほっておけば取りつけさわぎが起こりかねない。そこでかれは、「この際、ドラスチックな手段で藩民の信頼をとり戻そう」と考え、高梁川畔での〝藩札の公開焼却〟を断行したのだ。もちろん、これには、「信頼できる新藩札との交換」を用意していた。この話をきいて感動し、方谷に弟子入りしたのが、越後長岡藩の河井継之助《かわいつぐのすけ》だった。

これは、ただ事ではない

浜口《はまぐち》 梧陵《ごりょう》（一八二〇‐一八八五）

津波だ！〝稲《いな》むらの火〟だ！

安政元（一八五四）年十一月四日、浜口梧陵はいつもとちがう、長いゆったりとした地震を経験してそう感じた。紀州（和歌山県）有田郡広村においてである。戦前の国定教科書から転記すればつぎのようになる。

「これは、ただ事ではない」

とつぶやきながら、五兵衛は家から出て来た。今の地震は、別に烈《はげ》しいというほどのものではなかった。しかし、長いゆったりしたゆれ方と、うなるような地鳴りとは、老いた五兵衛に、今まで経験したことのない不気味なものであった。

五兵衛は、自分の家の庭から、心配げに下の村を見下ろした。村では豊年を祝う宵祭《よい》の支度に心を取られて、さっきの地震には一向気がつかないもののようである。

　村から海へ移した五兵衛の目は、忽《たちま》ちそこに吸い付けられてしまった。風とは反対に波が沖へ沖へと動いて、見る見る海岸には、広い砂原や黒い岩底が現れて来た。

「大変だ。津波がやって来るに違いない」

　文中の五兵衛というのは梧陵のことである。通称を儀兵衛といった。名前のいきさつはあとまわしにして、このとき梧陵はどうしたか。

　近くにはちょうど取りいれたばかりの稲束が、あちこちに積んであった。梧陵は家から松明《たいまつ》をもち出し、稲束に片っぱしから火をつけた。麓《ふもと》の人びとはこれに気づいて、急いで高所に避難した。地域の住人は梧陵の機転に感謝した。梧陵はこの後、強固で広大な防潮堤をきずく。

この話は筆者も小学校で教えられた。〝稲むらの火〟と題された有名なエピソードだ。地域の伝承になっていたこの話を、世界に紹介したのがラフカディオ・ハーン（日本名小泉八雲）である。ハーンはこの話を、〝ア・リヴィング・ゴッド〟と名づけている。

たまたま文部省が全国の教員に、「国語と修身の教材」を募集した。この地の教員である中井常蔵が、伝承とハーンの作品を参考に一篇《ぺん》の逸話にした。入選した。

儀兵衛を五兵衛という老人に仕立てたのも、ハーンの創意だという。

梧陵は単なる和歌山人ではなく、幕末での日本の海防問題にも深い関心をもっていた。勝海舟のパトロンでもあった。農兵隊までつくっている。しかしあくまでも外国と戦う存在として考え、日本人同士の争いには動員しなかった。

名語録 doumon

水車は天の理と人の理でまわっている

二宮《にのみや》　金次郎《きんじろう》（一七八七‐一八五六）

自然を克服する人間の知恵

尊徳の号をもつ二宮金次郎は、幕末の農民思想家だ。戦前は日本全国の小学校の庭に銅像が立っていた。チョンまげ姿の少年金次郎が、小田原のまちに売りにいく薪《まき》の束を背負い、歩きながら本を読む姿を模したものだ。「勤勉と節約」の模範とされて、こどもたちは教えられた。戦後は〝軍国少年の鑑《かがみ》をあらわすもの〟とされて、東京などではほとんど追放されてしまった。本物の金次郎には、そんな気は全然ない。

かれは小田原市内（神奈川県）の農村に生まれ、好人物の父母に育てられた。けっして貧しくはなかったが、ある年の洪水で氾濫《はんらん》した酒匂川《さかわ》に、家財も田畑もすべて流されてしまった。

絶望時に父母は相ついで死んでしまう。幼い弟ふたりを抱えて、家長となった少年金次郎は途方にくれる。

そんな時、かれは付近の小川の岩で、カッタンコットンと、音を立てて回転している水車をみつめる。みつめているうちに、あることに気づいた。それは、「水車は自然の理（天の理）だけでまわっているのではない」ということである。この時の金次郎が分析した、〝水車回転の原理〟は、つぎのようなものだった。

・水車は、高い所から低い所へ流れる川の力（自然の力）によってまわっている

・しかし、もし水車が自分のからだを全部川のなかに浸していたら、自然の理によってそのまま下流に流されてしまう

・ところが目の前の水車は流れずゆっくり回転している

・それは、水車が自分のからだの上半身を、水上に浮かせているからだ。これは人間の知恵の所産だ。つまり人の理だ
・だから水車は自然の理、すなわち天の理と人の理によってまわっているのだ

この発見は金次郎に勇気を与えた。なぜならかれはこの事実を、「人の理は、天の理に反することもある」というようにうけとめたからである。この発見はその後のかれに新しい眼を与えた。たとえば、

・春植えた稲の苗は夏にスクスクと育っている
・ところが稲といっしょに雑草も育っている
・農民は雑草を引きぬき、その生命を絶つ
・自然の理は稲も雑草も共に育てる。雑草だけをころすのは人間の理である

という考えかたである。これは金次郎の勇気の素《もと》になった。

農業は国家第一の急務だ

大蔵《おおくら》 永常《ながつね》（一七六八－？）

千歯（麦こぎ）
「農具便利論」より

農民が富めば藩も安定

大蔵永常は、豊後国日田（大分県日田市）の農家の出身だ。日本の農業振興に異常な情熱をもち、諸国を歩きまわってその見聞したことを書物にして発表した。それも単なる理論でなく、農民がすぐ活用できる実用論だった。

「農業は国家第一の急務にして忽《ゆるが》せにすべからざる者や、因《よっ》て予《よ》（大蔵永常自身のこと）、此年月《このとしつき》耳に聞き、目に見し便利なる農具を選択し、世に公行し普《あまね》く万民の労を省き広大なる国恩の万一をも報ぜんことを思ふ事…」（農具便利論）のように、自分が見聞した農具の紹介まで、図入り、価格入りで紹介している。

出身が農家で、ハゼの実からろうそくづくりをさせられた経験から、「つねに農民の立場に立って農業を考える」という姿勢をつらぬいた。かれは、「農民が富むことによって藩経済が安定する」と考えていた。

この永常が田原藩（愛知県）に招かれて、藩の産業振興の指導をすることになった。天保五（一八三四）年九月のことで、招いたのは藩の江戸家老渡辺崋山《かざん》である。永常はすでに六十七歳になっていた。しかも田原藩三宅家は、一万二千石の小藩である。

しかし永常が承諾したのは、当時、江戸における交流で崋山の学識・才能・人格などに、大いに胸をうたれるものがあったためだろう。田原にいったかれは、

・イネの改良

・ハゼ（ロウの原料）コウゾ（和紙の原料）イ（畳表の原料）

サトウキビなどの栽培
・土焼人形の制作
などを指導した。このなかでとくに砂糖と土焼人形は、一応の成果があった、といわれる。

しかし招き手の崋山が幕府の言論弾圧事件にひっかかった。当時は迫りくる列強の脅威で、海防問題が大きな課題になっていた。

崋山は憂慮して持論を発表した。しかしこの本の真意をとりあげず、幕府は、「幕政を批判する書」として弾圧した。崋山は、藩に迷惑をかけたくない、といって自殺してしまった。

日本人の事業をおこなう動機に〝人生意気に感ず〟というのがある。崋山を失って永常は張り合いをなくした。田原を去って岡崎に住んだ。そしてまた江戸に出る。

通信は治国の一大機関である

前島《まえじま》 密《ひそか》（一八三五‐一九一九）

国営による郵便制度を導入

〝日本郵便の父〟といわれる前島密の言葉だ。自叙伝によると、密が日本にキチンとした郵便制度を設ける必要がある、と思い立ったのは、ペリーが江戸湾に来航した直後のことだった、という。

ペリー来航によって、国内のオピニオンリーダー（学識経験者）や政治家が、カンカンガクガク議論したのが、日本の国防論だった。前島はそれらの論を読んで、「いずれも机上の論で国内の実地をみての案ではない」と断じた。そこでかれ自身砲台の設置場所をどこにするか、などを目的にして国内の海湾を歩きはじめた。このとき、「異郷にありて知りたきものは郷信なれど、当時その方法なく」となげいた。不便な土地に入り込んだら故郷との消息のやりとりもできない、と感じたのである。このことからかれはさらにこの感じを日本全体の現状に発展させて考えた。

・一帝国でありながら、普遍の通信路がない
・そのために官私遠近の事情が通ぜず、人情も親密を欠き
・風俗言語も次第に遠ざかっている
・これは政治上の大不利である
・これに加えて現在（幕末）の「藩」制度は、たがいに割拠《かっきょ》して、隣接する藩をも敵視して交流しない。いきおい藩民の視野も藩内にかぎられ、非常にせまいものになっている
・これでは帝国経営の大方策など生まれるわけがない

つまり「幕藩制度」が生みだしたタテワリ社会と、交通・コミュニケーションの大渋滞状態を指摘したのだ。通信手段

がまったくなかったわけではない。飛脚があった。しかし公的なものは別にして、民間で利用するものは、金で左右されていた。前島は外国の通信制度について精力的に調査した。結果

・外国の通信制度はほとんどが国営である
・搬送料金はどこへ届けるのも均一料金である
・料金の納付は郵便物の表皮に貼付《ちょうふ》する切手によっておこなう

などのことを知った。前島は政府要人の大隈重信・伊藤博文・渋沢栄一（当時は大蔵省の幹部）などに働きかけ、日本に国営による郵便制度を導入させた。実施面では、

・従来の飛脚を転用するが、職勢の公共性を認識してもらう
・地域のネットワークとして、素封家に参加してもらう。報酬よりも名誉を重んじてもらう（特定郵便局）

などの柔軟な方策をとった。

なぜどうでもいいことばかり議論するのだ？

竹中《たけなか》　半兵衛《はんべえ》（一五四四－一五七九）

愚将の機嫌とり軍議なんて

「人みな合戦のことを問ふに、その問ふべき要領は問はず、問はですむべきことを多く尋ぬる故、重ねての功にならざるなり。答ふる者もまた然《しか》り。されば良話も用に立たざること甚《はなは》だ多し」

（合戦の結果についてよく議論しているが、肝心な要点についてはなにも質問しないで、どうでもいいことばかりきいている。こんなことをくりかえしても、なにも得られない。これは答えるほうにも責任がある。愚問をまともにとりあげて相手にするからだ。だからせっかくいいテーマをとりあげても、なにも残らない愚問愚答に終わってしまうのだ）

耳の痛い言葉だ。竹中半兵衛は名軍師とよばれた。はじめ美濃（岐阜県）の斎藤龍興《さいとうたつおき》（道三の孫）に仕えた。しかし龍興が愚将なので、しばしばドラスチックな諫言《かんげん》をした。半兵衛の容姿が女性的なので、龍興は諫言をきかず、逆に寵臣《ちょうしん》とともにからかった。いまのパワハラ（権力を盾にする悪質なカラカイ）である。半兵衛は単身でクーデターをおこした。

これを知った織田信長が、木下藤吉郎（豊臣秀吉）に、「半兵衛をオレの家来にしろ」と命じた。木下が交渉すると、半兵衛はつぎのように答えた。

・わたしは信長殿が嫌いなので、かれの家来にはなりたくない
・あなた（秀吉）に期待しているが、すぐあなたの天下にはならない
・そこであなたの家来になって、当面は信長殿の事業（天下

平定）を補佐したい

さすがに名軍師はちがう。ちゃんと先をみている（先見力）。しかし現実もきちんと把握している（判断力）。先をみて、いまの自分はなにをすべきかを心得ている（決断力と実行力）。半兵衛が名軍師といわれたのは、秀吉の作戦参謀になってからだ。信長にはさほど貢献していない。信長時代は、「秀吉のためのエネルギーを充電する期間」に利用した。これも巧妙な処世法だ。

冒頭にかかげた言葉は、おそらく斎藤家における経験だろう。愚将龍興の機嫌をとるために、重臣たちは合戦の結果が思わしくなくても、互いに〝痛い所〟をグサリと刺すような議論を避けたのだ。つまり〝痛くも痒《かゆ》くもない所〟ばかり話題にしたのだ。良心的な武士である半兵衛にとっては、我慢できないことだったにちがいない。

遺言は功臣の悪口だ

黒田《くろだ》　如水《じょすい》（一五四六‐一六〇四）

『知将』が譲る『名将』の誉れ

黒田如水は戦国切っての〝頭の切れる男〟といわれた。情報通であり先見力にすぐれていた。「これから世の中はこうなる」という見通しのたしかさは、ドイツの占いタコをこえていた。

そのため生きかたをヒラリヒラリと変えるので、〝世渡り上手〟といわれていた。しかし家臣たちは、「うちの殿様につかまっていれば、ぜったいに安心だ」と信頼していた。如水は知将であると同時に、名将でもあった。その如水が病気になった。医者に見通しをきくと、長くは保《も》たないでしょう、という。如水はそうかとうなずいた。

翌日から城内に奇妙なうわさが立ちはじめた。「ご隠居様（如水は隠居し、息子の長政に家督をゆずっていた）が、しきりに功臣の悪口をいいはじめた」という。

見舞いにきた客に必ず功臣たちを目茶目茶にケナすのだ。「あいつは押し出しはりっぱだが、中身のないウドの大木だ。冠婚葬祭用の重役だ」「こいつは人がいいとみんなに慕われている。いまどき人がいいなどというのは、いてもいなくてもいい、というイミだ」などなど、聞くほうがビックリする。というのは、如水が悪口をいう人物は、如水にとっては家臣というより、むしろ同志といってもいい、黒田家創業期の功臣ばかりだったからである。

息子の長政が心配した。それは病床から自分たちの悪口ばかりいうので、功臣たちが憤激し、「ご隠居は狂った。もう見放してご当主（長政）を支えよう」と結束しはじめたからである。親孝行な長政は心配した。そこでこのことを話し、「功臣の悪口をおやめ下さい」とたのんだ。ところがこれをきいた如水は、ハッハッハと大きく笑い、「わしの企ては成功した」といった。話がみえないので、長政が理由をきくと如水はこう応じた。「いまわしが死ねば、名将のホメ言葉が殺到する。そしておまえは不肖《ふしょう》の二代目だといわれる。そうなると今後の藩政運営で、おまえはいつもわしと比べられ、ひどい苦労をする。それを思うと死ぬに死ねない。そこで家臣の気持ちがわしから離れ、おまえに向くように功臣の悪口をいっているのだ。あいつらとのつきあいは、おまえなどとくらべものにならぬほど古い。だれが好んで悪口などいいたがろうか」

はじめて父の真意を知り、長政は感動した。

家中無事は乱のはじまりだ

毛利《もうり》 元就《もとなり》（一四九七〜一五七一）

和はいらぬ、常に緊張感を

毛利元就はいまでいえば中国道、あるいは中国州をつくった戦国の武将だ。つまり戦国時代に〝道州制〟を実現した。その方法も地域の豪族を、カラカサのホネに名を書かせて連合させた。加盟する豪族の署名連判を、円形におこなわせたのだ。

この方法だとだれが首位でだれが尾位だかわからない。みんな平等だ。この連合体で地域の共通課題を共同解決し、各豪族の自治を守った。現在の地方自治体の自治と、権益を守る共同体であった。とくに天下と称する、中央からの自治侵害に敵対した。

この連合体維持のために、かれは加盟した豪族に、〝トップリーダーの心がまえ〟として、つぎのような警告を発している。「和ばかり重んずる人間を重く用いるな」と。なぜこんな警告を発したか、という理由を元就はこう説明する。

・和を重んずる人間は、職場で評判がいい
・そうなると、こういう人間は、善を勧め悪を懲《こ》らすということができない
・組織を無事に保つことばかりに腐心するから、やがてはほころびはじめる
・ほころびは大きくなり、内部の争いがはげしくなって、その組織は崩壊する

いまの組織にあてはめれば「トップリーダーは、和ばかり大事にして、うまくやろうとするな」ということだろう。

就任のあいさつで、トップリーダーにかぎらず管理職で「な

によりもわたしは〝和〟を重んじます」というひとがいる。そしてこういうひとは、退任（あるいは異動）のときに、「おかげで在任中、無事大過なくすごすことができました」と、〝和〟を重んじた成果を別れの言葉にする。しかしいまのような危機だらけの時代に、「和を保って無事大過なくすごした」ということは、「なにもしなかった」と同義語である。危機を解決しよう、とすれば、必ず敵味方ができる。危機解決はその選択だ。あるトップリーダーから「賛否が五十一対四十九という、僅少差《きんしょう》でも決断する」という、きびしい〝決断の瞬間〟の話をきいたことがある。元就は、

・連合体を守るためには、加盟者ひとりひとりが、つねにきびしい緊張感をもってほしい

・それには、ただ「いいひとだ」などといわれていてはダメで、時には鬼になるべきだ、と告げているのである。

平氏を亡ぼす者は平氏なり、
鎌倉を亡ぼす者は鎌倉なり

徳川《とくがわ》　家康《いえやす》（一五四二－一六一六）

内部にある敵が命取り

徳川家康は人質時代に相当勉強をした。愛読書の一冊に『吾妻鏡《あずまかがみ》（東鑑とも書く）』がある。この本は、鎌倉幕府の盛衰を描いたもので、政治論として貴重な資料だという。鎌倉幕府を開いたのはもちろん源頼朝《みなもとのよりとも》だが、源氏は三代でほろびた。あとは執権北条氏が名目上の将軍を立てて、実際に日本の政務をおこなった。家康が関心を持ったのはおそらく源氏三代に対してではなく、むしろ北条氏の政治のとり方だろう。

鎌倉幕府を開いたのは源頼朝だが、それは前政権である平氏をほろぼして成立した。家康はクールな眼《め》で、「平氏はなぜほろびたのか、源氏はなぜほろびたのか」という分析をおこなう。結果家康が得たものは、「平氏政権も鎌倉政権もほろびたのは、敵にほろぼされたのではない。敵は内部にあったのだ」ということだった。内部の敵というのは、油断・不和・裏切りなどである。こういう現象がなぜ起こるかといえば家康は、「すべて生活がゼイタクになったためだ。武士の初心原点を忘れたためだ」と気づく。

鎌倉政権を樹立したとき源頼朝は、絶対に京都に拠点を移さなかった。最後まで鎌倉においた。「鎌倉幕府は、武士の・武士による・武士のための政権である。したがって、政権関与者は武士の原点と初心を忘れてはならない」と主張した。

なんといっても武士の初心は東国にある。したがって東国から政庁を移すべきではない、というのが頼朝の意見だ。それはそれでいい。頼朝がそういう主張をしたのは、やはり平氏の政権が京都に拠点をおいていたために、しだいにその生活が貴族的になりゼイタクになったからだ。やがては武士の初心を忘れてしまった。そして、「平氏にあらざれば人にあらず」などという傍若無人《ぼうじゃくぶじん》な言葉を口にするようになる。腐敗の極まりだ。その平氏をほろぼした頼朝は、鎌倉幕府が平氏の後を追うことを警戒した。

しかしたとえ執権政府であっても、後年になると北条氏そのものが貴族化し、生活もゼイタクになった。結局はほろびた。だからこの家康の言葉を今日流に解釈すれば、「ほろぼす敵は自分の内部にある。おまえの敵はおまえだ」ということになるだろう。危機に面したときの一致結束がいかに大切かを如実に語っている。敵に勝つには、まず内部の敵をほろぼすことが先決なのだ。

秀吉をにくむ者はわが義軍にきたれ

榊原《さかきばら》 康政《やすまさ》（一五四八-一六〇六）

モヤモヤ払拭《ふっしょく》のため檄文《げきぶん》

酒井忠次《さかいただつぐ》・本多忠勝《ほんだただかつ》・榊原康政・井伊直政《いいなおまさ》の四人を〝徳川四天王〟という。四人の個人武士の総称であって、家をいうのではない。武勇で名をたかめた家康の直臣であるが、このなかで榊原康政だけは非常に学問が深く、書もよくした。少年時代から家康に仕えたが、時間をつくっては岡崎の大樹寺にかよって、読書と習字にはげんだ。

大樹寺は家康の生家松平家との縁が深く、また家康自身この寺で何度か危難を救われている。「厭離穢土《おんりえど》　欣求浄土《ごんぐじょうど》」の白旗の軍旗は、当時今川義元の客将だった家康が、織田軍に追撃されたときに、大樹寺の住職天室和尚からもらったものだ。家康はこれによって自決を思いとどまり、反撃に出た。

信長が明智光秀に殺されたあとの政局は、かなりモタついた。主導権をにぎったのは羽柴秀吉だが、これには反対する層も多かった。〝清洲会議〟で、織田家の相続人は秀吉の主張する三法師（信長の嫡男《ちゃくなん》信忠の子）にきまったが、信長の次男信雄《のぶかつ》は不満だった。

家康は信長の軍事同盟者である。秀吉は家来筋になる。素直に臣従はできない。家康のきもちも燻《いぶ》った。これが共感して〝反秀吉連合軍〟が結成された。〝小牧・長久手〟の合戦だ。

康政はもちろん家康の部将として参加していたが、どうもスッキリしない。つまり「合戦の目的」が、もうひとつ胸にストンと落ちないのである。モヤモヤしている。

（このモヤモヤはオレだけでなく、多くの武士がおなじなのではなかろうか）

そう考えた康政は、

「よし、このモヤモヤを払拭《ふっしょく》するために、檄文《げきぶん》(主張をつらぬく訴えの文)を書こう」

と思いたった。そしてそれを羽柴軍の諸将に送りつけてやろう、と考えた。康政にはもともと文才がある。字もうまい。

しかし家康はその面で登用しなかった。

「目下、武の世の中である。文で世を治めるのには、しばらく時間がかかる。すこし待て」

といわれていた。しかし檄文ならよかろう、と康政は自分の考えを話し、案文をみせた。家康は読んで、面白い、やれ、といった。案文は、

「秀吉は信長公の恩を忘れ、遺子信雄公にそむいている。大逆無道である。すぐ陣を離れわが義軍に加われ(意訳)」というものだった。

上が疑えば下も信じない

藤堂《とうどう》高虎《たかとら》（一五五六‐一六三〇）

長所を優先する人材登用術

藤堂高虎は戦国時代から江戸時代まで生きぬいた武将で、そのために〝世渡りの名人〟といわれた。しかし高虎には、〝平和を象徴する城と、安定した城下町づくり〟という夢があり、「その夢を実現させてくれる実力者さがし」に努力していた。つぎからつぎへと主人をかえたのは、「この主人はオレの夢をまったく理解してくれない」と見かぎったためだ。かれの夢を実現させてくれたのは、徳川家康だった。思うようにやれ、という家康の承認のもとに、高虎は多くの城と城下町、そして社寺などを設計・施工した。京都の聚楽第《じゅらくだい》・宇和島城（愛媛県）・今治城（同）・膳所《ぜぜ》城（滋賀県）・江戸城の大改修、丹波亀山城（京都府）・篠山《ささやま》城（兵庫県）・東照宮の整備など、すぐれた建築家・都市計画者ぶりを示している。

家康は経験豊富な高虎を信頼し、とくに二代目秀忠の補導役として期待していた。そのため、秀忠も折にふれて高虎に意見をきいた。ある時秀忠が、

「国を治めるのにいちばん大事なことはなにか？」ときいた。高虎は、

「人材登用でございます」

といったあと、

「しかしひとりの人間にすべてをもとめてはなりませぬ。多くの人間の長所を発見し、まとめることが必要です。その際はたとえ短所があっても、長所のみに目をむけるべきでございます。しかしこのことをおこなうためには、こちらの判断の鏡をくもらせることが、もっとも危険でございます」といい、

「上下相疑ふより讒《ざん》人の起《おこ》るといふも、まづ人を疑ふも我心に信の少《すく な》き故《ゆえ》」と告げた。

上が下を疑えば、下も上を信用しない。そういうときには、必ず口のうまい告げ口屋が跳梁《ちょうりょう》する。オイシイことをいわれると、上はすぐそれを信用する。組織崩壊はここからはじまる、と高虎はいった。

「これを防ぐためには、つねに耳に痛いことをいう、諫言《かんげん》者をそばにおくことでございます」としめくくった。

家康は必ず秀忠に、

「高虎はなにを話した?」

ときいた。秀忠がこういう内容でございました、と報告すると家康は手をうって、

「それはいい話だ、わしも耳が痛い」とわらったという。高虎は三代将軍家光にも仕えて、重用された。

天下の美味は塩、悪味も塩

大久保《おおくぼ》　彦左衛門《ひこざえもん》（一五六〇 - 一六三九）

御意見番は上にも下にも

〽ずいずいずっころばしごまみそずい　茶壺《ちゃつぼ》におわれて
　トッピンシャン

という古謡がある。後半の歌意は、時期がきて宇治（京都府）の茶づくりが、旬《しゅん》の新茶を茶壺に詰め、将軍に献上する。これが次第に権威化し、〝茶壺道中〟といわれて、海道筋で威をふるうようになった。沿道の人びとは、茶壺がくると面倒を恐れ、急いで家に入って戸をピシャリと閉めた。〝戸ピシャリ〟が〝トッピンシャン〟になった、という。

ある時、この茶壺道中に大久保彦左衛門が遭遇した。茶壺を運ぶ役人は、下におれ、下におれと沿道の人びとを道脇に

ひかえさせる。が、大久保はひかえない。役人は怒り、

「ひかえろ、上様献上の茶壺に対し無礼であるぞ！」

と威丈高《いたけだか》に迫る。大久保はセセラ笑った。こういった。

「その茶壺が上様の茶なら、オレは上様の人間だ。オレの知っている上様は、人間より茶を大切には扱わぬぞ。おまえたちこそひかえろ！」

　大久保は〝天下の御意見番〟といわれた。そんなポストが徳川幕府にあるわけではない。家康・秀忠・家光の三代にわたる将軍に、ズケズケ諫言《かんげん》を呈したかれに、周囲がそういう非公式名称を与えたのである。

　ある時、家光が大久保に聞いた。

「天下一の美味はなんだ？」「塩でございます」「なぜ？」「塩がなければ魚も菜もメシも食えませぬ」「では天下一の悪味はなんだ？」「塩でございます」「なぜだ？」「ほかの物

なら多くの量を食べられますが、塩はひとサジでも食べられません」

そういったあと、「世の中でほんとうによいもの、人のためになるものは、けっしてよろこばれません。諫言もそのとおりでございます」。家光はしばらく考え、「わかった、これからは諫言をよく聞くようにする」とうなずいたという。

これは鼻っ柱が強く、なんでも自分は正しいといって、強引に諸策を進める家光を戒める意味もあった。が、それと同時にやたら忠臣ぶって、「諫言こそ忠誠心のあらわれだ」と、細かいことや、どうでもいいことをクドクドとしつこく意見する、〝諫言パフォーマンス野郎〟に対する、大久保なりの痛烈な一矢《いっし》でもあった。その意味で大久保の意見は、上にも下にも公平であった。だからこそ〝天下の御意見番〟といわれたのだ。

金持ちになりたければ〃長者丸《ちょうじゃがん》〃をのみなさい

井原《いはら》 西鶴《さいかく》（一六四二－一六九三）

朝起五両
家職弐十両
夜詰八両
始末拾両
達者七両

ムダをはぶく〝堅実経営法〟

大坂の商人作家井原西鶴が、その著「日本永代蔵《えいたいぐら》」のなかで書いた〝堅実経営法〟である。小説「好色一代男」で有名だが、商人だけに「世間胸算用《せけんむなざんよう》」「西鶴織留《おりどめ》」などの、経済関係の本も書いている。かれの商家経営原則は「算用・始末・才覚・信用」だ。

・算用　入るをはかって出《い》ずるを制する予算の原則

・始末　節約のことだが、単なるケチではなく、客のニーズにこたえる先行投資は惜しまない。そのためにはムダをはぶく

・才覚　新しい発想や心くばりなどをいう

・信用　なによりも大切で、客だけでなく、融資もしてくれる金融機関との関係も、信用本位だ

〝長者丸〟の長者は金持ちのことで、そうなるためには西鶴の調合した丸薬をのみなさい、というイミである。

「長者丸といへ《え》る妙薬の方組《ほうぐみ》（構成・調合）、伝へ申すべし」と前置きして、西鶴はまず五十両のかせぎ方を、つぎの方法で示す。

朝起《あさおき》　五両
家職　二十両
夜詰　八両
始末　十両
達者　七両

早起き・本業に努力すること（拙速の利益をねらって、本業をおろそかにしないこと）・夜なべ（時間外勤務）・倹約・

健康という項目をならべている（調合している）。

そして、いま風《ふう》にいえば、「この妙薬の効力を失わせる毒」として、つぎの項目を列挙する。

美食・淫乱・ぜいたく・趣味に過大な金をかけること・花見や月見にミエもはること・ひるからふろにはいること・夜あそび・バクチ・すぐ保証人になること・芸ごとにうつつをヌカすこと・金もないのに芸能人などのスポンサーになること・ムダな旅行をすること・高利の借金をすること
西鶴が生きたのは元禄時代だ。江戸期でも異常な経済の成長時代で、〝イケイケドンドン〟のバブル状況だった。

しかし西鶴は、「こんな泡《バブル》は、すぐ消えるぞ」と警告を発し、「こんな時代こそ、本業をしっかりまもり、ムダをはぶくことがいちばん大切だ」とさとしたのだ。

ケチと倹約《けんやく》とはちがうぞ

近江商人《おうみしょうにん》

『三方よし』実践の商業哲学

最近、経営者の間で、〝近江商人の「三方よし」に学ぼう〟という機運が起こっている。

三方よしというのは、自分よし・相手よし・世間よしのことをいう。自企業もほどほどの利益を得、客もよい品物を安く得、これによって社会全体がゆたかになる、という考えだ。「自利・利他」の思想を普遍化したものだ。

享保《きょうほう》時代、八代将軍徳川吉宗の〝享保の改革〟が展開されると、大きな商家は申しあわせたように、「家訓」を制定しはじめた。そのなかで必ず設定されたのが、「始末《しまつ》」という項目だ。ムダをはぶき浪費をしない、ということだ。倹約のことだ。形で示せば、〝入るをはかって出ずるを制する〟という、バランスシートのことである。

が、近江商人（にかぎられるわけではないが）は、家訓に定めた「始末」のことを、「ケチとはちがう」と説明している。それは、

・ケチも始末（倹約）も、ムダをはぶく。つまり節約をする

・が、ケチは余らせたカネを自分のために使う。倹約は客のために使う

と区分しているからだ。いいかえれば、

「ケチは自分の欲望充足のために節約し、倹約は客の欲望充足のために節約する」ということで、客のために余らせたカネを使う、ということは、「客の変化するニーズに的確に応えるために、設備投資や先行投資を惜しまない」ということである。これは「自前の木にだけ対応するのではなく、遠く

に林をつくり森をつくる」という長期展望を含めた経営姿勢をいう。それが世の中全体をゆたかにする、という商業哲学なのだ。

　だから江戸期の近江商人は、行商の旅もけっしてインフラのいきとどいた東海道にはいかなかった。交通に不便な中山道をえらんだ。これは、「不便な土地にこそ客がいる」という、マーケティングの予測だけではない。

「不便な土地に住む人ほど、中央（京都や大坂、江戸など）の情報をほしがっている」

　という判断も加わっていた。品物を届けるだけではない、情報も届けるのだ。ヒューマニズムが根底にあった。行商の動機は、「過疎地に住む人をよろこばせたい」というものだ。自利・利他の精神は、単なるゼニ勘定ではなく、他人へのいたわりと思いやりを根に据えたものであった。

外遊後ほかの会社にいってもいいよ

伊庭《いば》 貞剛《ていごう》（一八四七–一九二六）

近江商人〝三方よし〟の教え

伊庭貞剛は、明治時代の大実業家だ。滋賀県近江八幡市出身で、叔父が住友家の大番頭広瀬宰平《さいへい》だった。

叔父に招かれて住友にはいり、事業の拡大化につとめた。叔父に似てなかなか豪胆《ごうたん》な人物だった。「事業は人也」をモットーとして後進育成に力をつくした。のちに住友の総理事になると、後輩の鈴木馬左也《まさや》がある日こんなことをいった。

「内務省に優秀な男がいるのですが。高等文官試験にも合格して山口県に赴任したのですが、毎晩宴会ばかりでクサっているのです」「引きぬきたいのかね?」「はい」「では引き抜きたまえ」

引き抜かれたのは小倉正恒《まさつね》という男で、のちに六代目の住友総理事になる。伊庭は鈴木にいった。

「小倉君の机はぼくの隣だ」

新人好きの伊庭は鈴木を自分の後任にするつもりでいる。その鈴木が目をつけたのだから、

「どんな男かたしかめたい」

と思ったのだ。小倉はビックリしたが、伊庭の隣で神妙に勤めていた。ある日伊庭が突然小倉にいった。

「ヨーロッパに出張しろ」「え」

おどろいた小倉は、なにをしらべてくれればよいのですか、ときいた。伊庭はこう応じた。

「自分でテーマをさがせ」

そしてつぎのようなこともいった。

・別に出張報告書はいらない

・ただし自分のえらんだテーマについては、論文が書けるほど徹底して研究しろ

そういい終わった伊庭はニヤリとわらって、こうつけ加えた。「帰国後、研究成果が住友で生かせないと思ったら、生かせる会社にいけ。とめない」

小倉はあきれた。伊庭は、「企業は公器だ。私物化してはならない」という信条をもっていた。これはかれの生まれた近江（滋賀県）の商人精神によるものかもしれない。近江商人のモットーは〝三方よし〟だ。

「自分よし・相手よし・世間よし」の考えかただ。伊庭が叔父の広瀬から叩《たた》きこまれたものである。広瀬はいつも、「事業は自利利他公私一如を旨とすべし」と告げていた。小倉は感動した。外遊後の小倉は、もちろん他社にいくことなく、外遊の成果を住友に注いだ。

玄関番はラチをこえるな

徳川《とくがわ》 義直《よしなお》（一六〇〇〜一六五〇）

職に誠実でも権限越えるな

徳川義直は家康の九男で、初代の尾張藩主だ。尊王心があつく神道を重んじた。居城である名古屋城を、〝蓬左《ほうさ》〟城と別名した。「蓬莱宮《ほうらい》（熱田神宮のこと）の左側にある城」というイミだろう。名古屋市内にある徳川美術館の隣には「蓬左文庫」と名づけられた尾張徳川家の旧蔵書を所蔵する公開文庫もある。

奥づとめ頭《がしら》（秘書室長）に渋谷弥太郎という武士を登用した。渋谷の実直さを買ったのである。感激した渋谷は自分なりに基準をつくった。それは義直あての文書や訪問者の処理のモノサシだ。つぎのようなものである。

（文書）
一、義直にみせるべきもの
二、義直にみせたほうがよいもの
三、義直にみせないほうがよいもの
四、義直にみせるべきではないもの
（訪問者）
一、義直に会わせるべき者
二、義直に会わせたほうがよい者
三、義直に会わせないほうがよい者
四、義直に会わせるべきではない者

部下にもこの基準を示し、「判断に迷ったらわしにひきつげ」と厳命した。文書の提出者も訪問者も、「四」のモノサシをあてられて拒まれた者は、怒って文句をいった。「納得できない！　義直公にみせろ（会わせろ）」と息巻く。が、渋谷は頑《がん》として応じない。相手はいよいよ激昂《げっこう》し、「おまえは玄関番だ。犬のようにだまってとりつげばよいのだ！」とワメく。渋谷も犬といわれたのでカッとなり、「わたしは、あなたのような人間を殿（義直）に会わせないために、給与をもらっているのだ！」といいかえす。さわぎがきこえて義直が重役に「どうしたのだ？」ときく。重役はいきさつを説明し、ついでに渋谷が自分でつくった〝基準〟の話をする。義直は「なに？」と眉をよせた。そして考えた。やがて重役に「渋谷を現場に異動させよ」といった。重役、「あんなに懸命に殿のために頑張っている渋谷を、なぜ異動させるのですか？」ときいた。義直はこう答えた。「渋谷の律儀《りちぎ》さはわかる。しかしかれのつくった基準の四はわしのきめることだ。かれはわしの権限をおかしている」。誠実が必ずしもトップの役には立たない、という義直のきびしい考えであった。

名古屋の繁栄は〝慈〟と〝忍〟の二文字から

徳川《とくがわ》 宗春《むねはる》（一六九六－一七六四）

家臣に示した君主の戒め

徳川宗春は尾張藩（愛知県）七代目の藩主である。享保《きょうほう》末年から元文年間（十八世紀前半）にかけて、約十年藩主の座にあった。このころの中央政治は、八代将軍徳川吉宗の〝享保の改革〟が強風のように吹き荒れていた。その根底は、「元禄バブルの悪習の一掃」である。勤倹節約・人倫の確立がもとめられた。宗春は真っ向からこれに対立した。いわば中央の政策に対し、尾張自治を表明したのである。

その柱は、「藩民の消費を活発にし、尾張経済を成長させる」ということで、芝居・遊郭・祭礼・行事などの復活や振興によって、これを促進した。かれ自身が華やかなくらしぶりを示した。いまでいえば規制緩和、自由放任主義をとったのである。

しかし儒学に深い関心をもつかれは、名古屋城の役人に対しては、きびしいしつけをした。

かかげた言葉の原文は、「夫人《それ》たる者、平生心に執守《とりまもる》事なくては叶《かな》わざる事なり（中略）。故に慈と忍の二字を掛物二幅にこしらへ」といって居室にこの二字を書いた掛け軸をさげていた。慈の字の上には日の丸（太陽）を描き、忍の字の上には月を描いた。この意味は、

・慈は心のなかにかくしておいたのではなんのイミもない。積極的に外にあらわし、すみずみまで照らして太陽の徳を示す

・忍の字は反対にいつも心のなかにしまっておく、奥ゆかしさが必要だ

ということだ。城の役人たちは、城下町に出るときは、それぞれ慈と忍の字を背中に染めぬいた羽織を着て出かけた。宗春はこのやりかたを、「孔子の教えである明徳を明らかにすることだ」と告げている。

しかしいつの時代でもそうだが、トップのせっかくの理念も下にいくに従い、誤解されたり曲解されたりすることが多い。

慈と忍の字を染めぬいた羽織をひるがえす役人たちは、やがて自分たちが享楽《きょうらく》の沼に浸っていった。宗春の考えは「民は楽しくぜいたくに、役人は苦しく（忍）、質素（民に富をまわす）に」ということだったが、役人たちは、「オレたちも楽しくぜいたくに」というふうになってしまった。宗春は吉宗によって罰される。しかし現在でも、「名古屋繁栄のルーツは宗春にある」という名古屋人は多い。

そうせい

毛利《もうり》 敬親《たかちか》（一八一九‐一八七一）

一藩結束促す〝イエスマン公〟

毛利敬親は幕末の長州藩主である。天保八（一八三七）年にその座につき、世子定広とともに、ユニークな指導者ぶりを発揮した。長州藩がいろいろな紆余《うよ》曲折を経ながらも、結果として尊王討幕の実を示したのは、敬親の影響が大である。
そして興味深いのは、敬親のリーダーシップが、すべて
「そうせい（そうしろ）」
の一言でおこなわれていたことだ。つまり家臣が案を立てて、「いかがでございましょうか？」と、うかがいを立てると、敬親は即座に「そうせい」と応ずる。トップとしての決断はOKということだ。しかし問題がおこった。

それは甲が「そうせい」というOKをもらったものと、まったく反対の案を乙が提出しても、敬親は「そうせい」という。当然甲と乙のあいだで争いがおこる。たがいに、「オレの案は殿様がOKされたものだ」と突っぱる。収拾がつかない。こんな争いをくりかえしているうちに、家臣のあいだでこんな話が出はじめた。それまでの、「殿様は決断力にとぼしいのではないのか」「殿様はすべてのことに、責任のがれをしているのではないのか」という、敬親への失望・批判論が消えてしまって、逆に「殿様は、いっさいの責任は自分が負う。おまえたち(家臣)は、思うとおりにしごとせよ、ということではないのか」というように思いはじめたのである。

そうなると、家臣たちも慎重になる。

「うちの殿様は、どんな案をもっていっても、必ずOKして

くれる」というような、一種の〝トップを甘くみる〟風潮が、ピタリと鳴りをひそめた。かわりに、

「そんな殿様に、苦労をかけてはいけない」

という、〝部下としての良識ある責務感〟が湧《わ》いてきた。そうなると、

「殿様のところへいく前に、立案者同士で案の擦《す》りあわせをしよう」ということになった。したがって敬親のところへいくときには、案は必ず一本化されていた。

文久三(一八六三)年八月十八日の政変・元治元(一八六四)年七月の〝禁門の変〟、一次二次にわたる長州征伐など、長州藩はなんども存亡の危機におそわれている。

しかしそのたびに、上から下まで〝一藩結束〟の気概がたかまっていったのは、かなりトップの敬親が発した、「そうせい」の一言が効果的だった。

攻敵は柔《やわ》らかく抱きこめ

阿部《あべ》 正弘《まさひろ》（一八一九-一八五七）

暴れ獅子《しし》には好きな球を

阿部正弘は徳川譜代の大名で備後（広島県）福山の藩主だった。二十五歳のときに老中（閣僚）になり、三十歳のときに老中筆頭（総理大臣）になった。そして三十五歳のときに、ペリー来航をむかえた。

開港を要求するアメリカ大統領の国書を、阿部は日本文に訳し全国にバラまいた。そして、

「どう対応するか意見を出してほしい」と告げた。かれ自身は「世界のすう勢に従って開国せざるを得ない」

と考えていた。しかし開国に反対し「攘夷《じょうい》（外国をうちはらえ）をおこなえ」と強硬に叫ぶ大名がいた。水戸藩主徳川

斉昭《なりあき》である。斉昭は御三家のひとりで徳川一門だ。一蹴するわけにはいかない。そんなことをすれば斉昭は、〝烈公〟という別称をもつ、瞬間湯沸かし器のような性格だからキレる。なにをするかわからない。

阿部の態度をみていた斉昭は業《ごう》をにやし、

「幕府が攘夷を実行しないのなら、水戸藩が独自におこなう。ついては大船建造を許可せよ（当時は禁止令が出ていた）」と迫った。阿部は許可した。阿部のまわりにいた開国派が詰めよった。

「阿部様は開国派のはずだ。なぜ大船建造を認めるのですか？　あなたはいってることとやることがまったく逆だ」

と非難した。阿部は笑った。こういった。

「獣のなかに獅子《ライオン》がいる。獰猛《どうもう》なのでおさえつけるのはなかなかむずかしい。怒らせたら咆哮《ほうこう》しながらとびかかってくる。これを防ぐのには球《たま》（オモチャ）を与えることだ。それも好む物を与えれば、日夜これを玩弄《がんろう》し、その間は他に害を与えない。造船許可は球である」

最後の所の原文は、

「造艦の任を以てするは、その好むところの物を授けて、その怒気を殺《そ》ぐにあり」

である。さらに「金がかかる」と文句をいう財政担当には、

「老公（斉昭）の歓心（幕府への好意。実際には阿部への好意）を失わざらんためには、数十万の金も惜しむにたらず」

といっている。若い割には相当な政略家だ。

阿部はさらに、「つぎの将軍は一橋慶喜殿《ひとつばしよしのぶ》がふさわしい」

といって擁立運動をはじめた。慶喜は斉昭の息子だ。ここまでやられては手も足も出ない。柔らかい阿部の抱きこみ作戦に、さすがの獅子もしずかになった。

目の前の借金に百年の計を忘れるな

渡辺《わたなべ》崋山《かざん》（一七九三－一八四一）

目にみえぬ危機への意識

「武士が外交にあたる場合の心がまえ」

として、崋山の「八勿《はちぶつ》の訓」をご紹介する。

崋山が藩政改革をおこなったときに、もっとも信頼した藩士のひとりに、真木《まき》重郎兵衛という人物がいた。

あるとき「藩御用金調達」の使命を与えられ、大坂へ出張することになった。〝天下の台所〟をつかさどる大坂商人と交渉するためである。というより、大坂商人に金を借りるためだ。あいさつにきた真木に崋山はこういった。
・こんどの用務を単なる借金申しこみと考えてはならない
・藩の面目と威信をかけた外交交渉と考えるべきである

・すなわち貴殿（真木）の一挙手一投足には、田原藩の名誉がかかっている
・そこで交渉にあたっての〝八つの勿《なか》れ〟をお示しする
この前提で「八勿の訓」を示した。つぎにかかげる（意訳）。
一、話しあいの最中にカッとしてキレないこと
二、目前の借金解決に夢中になって、藩政百年の計画を忘れないこと
三、とりあえずの解決を急いで、それがのちにどれほどの負担になるか、を忘れないこと
四、大功は「緩」にあって、機会は「急」にある、ということを忘れないこと
五、表面はクールに、しかし背面《うらうしろ》はあたたかく、ということを忘れないこと
六、言行はつつしみぶかく、本体を見破られないようにする

こと
七、他人をだまそうとすれば自分もだまされる。人をだまさないということは、自分もだまさないことだ、ということを忘れないこと
八、なにごとも基《もと》が立ってはじめて物が従う。その基というのは、〝心の真実〟すなわち「誠実さ」だ、ということを忘れてはならない
崋山の考えの根本には、どんなちいさなことでも、「海外から日本におし寄せてくる、目にみえない危機」の意識があった。だから早い話が、「大坂の商人からカネを借りる用件でも、〝グローカリズム〟の観点も忘れる勿れ」といういましめであった。田原藩は小藩だ。その一角からこういう視点をもっていた崋山は、やはり傑出している。

名語録 doumon

民を泣かせるなら、まず自分が泣け

細井《ほそい》 平洲《へいしゅう》（一七二八－一八〇一）

感動は強要するものでない

細井平洲は、江戸中期の名君といわれた米沢（山形県）の藩主上杉鷹山《ようざん》の学師だ。鷹山は日向国（宮崎県）高鍋の藩主秋月家から養子にはいった。

「民を治めるトップはどうあるべきか」

ということを、徹底的に叩《たた》きこんだのが、細井平洲だ。平洲は尾張国（愛知県）の出身だが、江戸に出て私塾をひらいた。塾名を嚶鳴館《おうめい》といった。意味は「鳥がおうおうと鳴くのは、時事問題を討議しているからだ」ということだという。

平洲はつねに〝書を捨てよ、町に出よ〟と寺山修司さんばりの生きかたをつらぬいた。

落語家・講釈師・漫才・手品師などが技をきそう、両国橋のほとりの青空劇場に出演して、自分の考えを説いた。「むずかしいことをやさしく話す」というのが、平洲の態度だった。はじめのうちは聴衆も集まらず、ここを根城とする芸能人たちからは反発を買った。

が、根気よく人間愛を説きつづける平洲の前に、次第にきく人がふえた。しまいにはほかの芸能人をこえて、最大の聴衆をあつめるようになった。

「皆の衆、きょうはここまでにしよう」

と平洲がしめくくると、聴衆はみんな拳《こぶし》を目にあてて涙をぬぐった。そのなかには、この場所で演技をしている芸能人もいた。かれらは、「細井ってヤローは、いったいどんなハナシできき手を泣かせていやがるンだ?」と、ノゾキ半分できいていたのだ。そんなかれらもミイラとりがミイラになった。平洲の話をきいて感動し、プロであることを忘れて、まっ先に泣いてしまったのである。

プロの芸能人たちは聞いた。「先生、きき手を泣かせるコツってえのは（というのは）、どこにあるンですかい」

平洲はわらってこう答えた。「教ゆる人《え》は、民の泣かぬうちから涙を流し申し候人でなくては、民は泣き申さず候」

人に感動をもたらすには、伝え手がまず話すことに感動しなくてはダメだ、ということだ。自分が感動していないことを、絵空ごとのように話して、きき手に「感動しなさい」と強要しても、きき手はキチンとうけとめない。そんな話は、無責任ないわば〝パッセンジャー（通りすがりの人）〟の発言でしかないからだ。〝文は人なり〟という。しかし〝言葉も人なり〟だ。

閉塞《へいそく》隊員は洩《も》れなく収容すべし

東郷《とうごう》　平八郎《へいはちろう》（一八四七‐一九三四）

決死隊にも人命尊重で対処

日露戦争の時、日本海軍はロシア艦隊を旅順港のなかに封じこめる作戦を立てた。そのために、湾口に老朽船を沈めることになった。のちに〝軍神〟とよばれる広瀬武夫中佐（当時は少佐）などが参加した。

この作戦が発表され、実行者が募られると応募者が殺到した。閉塞隊は五隊で編成され、六十七人の兵員を必要とした。ロシア側では防備のための備えを万全にしているから、熾烈《しれつ》な抵抗が予想された。参加者は当然死をかくごしなければならない。決死隊だ。太平洋戦争では特攻隊とよばれたのとおなじ任務である。

応募者があまりにも多いので基準が設けられ、まず、

・家族のいない者

・長男でない者

がえらばれた。その後は一艦ごとに何人、というような比例案分がおこなわれた、という。

私事だが、筆者も太平洋戦争末期には、甲種予科練出身の少年飛行兵の特攻隊に編入された。乗機不足のため出撃にはいたらなかったが、出撃時の心得はいろいろと教えられた。たとえば出発時のあいさつ。「挙手して、いきますでよい」といわれた。つまり片道だ。「いってまいります」だと往復になる。生還を期さないのだから、いきっぱなしのあいさつでよい、ということなのだ。

旅順港閉塞隊の場合は違った。艦隊司令長官である東郷平八郎の命令は八カ条にわたっているが、そのなかで二条は、

護衛艦に対し、「閉塞隊員の収容に洩れたるもののなきやに注意し、之《これ》が収容に努むべし」と告げている。捜索範囲についてもこまかい指示が出されている。その底にあるのは「参加者全員の収容」であり、「人命尊重の精神」だ。明治と昭和では条件や状況がちがうのかもしれないが、参加者のモラール（戦意）は圧倒的に、旅順港閉塞隊のほうが高かっただろう。

決死隊だから参加者は遺書を書いた。広瀬武夫も書いた。何通か書き、その一通はロシア人の恋人にあてたもので、サンクトペテルブルクへ送られた。文意は、「この手紙があなたの手もとに届くころは、戦争も終わって両国の国交も旧に復していることでしょう」というものだ。明治には日本に武士道があり、ロシアにも騎士道があった。

わが校の校則は"紳士たれ"の一条である

ウィリアム・S・クラーク（一八二六‐一八八六）

〝ひとつ〟だけなら守れる

ぼくはもの書きなので、多少の〝if（もしも）〟をまじえてこのエピソードを書かせてもらう。

明治初年、北海道開拓使長官になった黒田清隆《きよたか》（薩摩藩出身）は、北海道をみて「米作はムリだ。この地に適する農業振興が必要だ」と考えた。物色した結果、アメリカのマサチューセッツ州が、北海道によく似ている条件をそなえた土地だ、と判断した。そこで州立農業大学学長の、ウィリアム・S・クラーク博士を招くことにした。博士も快諾《かいだく》した。

黒田は自分の理想実現のために、農業学校の設立を思い立っていた。札幌農学校だ。クラーク博士を副校長として招き、農業技術だけでなく、地域の指導者になる新しい農政家の育成をめざしたのだ。

　黒田は博士が日本に着く前に、自分なりに農学校の校則案を考え、さらに英訳して用意した。博士が着くと黒田は自分の構想と博士への期待を話し、校則案を示した。

　博士は黒田の構想には双手《もろて》をあげて賛成した。しかし校則案には首を横にふった。黒田はマユを寄せた。

「博士はこの学校に校則はいらない、とおっしゃるのですか?」

「そうではありません。校則はもちろん必要です。でもこの案は項目が多すぎます。学生にはまもりきれません」

「では、どうなさるのです?」

「校則はただひとつです」

「ひとつ? どんな?」

「ビー・ジェントルマン(紳士たれ)」

黒田は呆《あき》れた。しかしすぐ感動した。もちろん学校なのだからこまごまとした規則は定められたことだろう。しかし博士の言葉は、札幌農学校の教育理念だった。だから卒業生も、単に北海道の農業振興だけに生きたわけではない。

二期生の内村鑑三や新渡戸稲造は、日本人全体に〝ビー・ジェントルマン〟の趣意を呼びかけた。クラーク博士はわずかな滞在期間で帰国したから、内村と新渡戸は直接博士に接してはいない。

しかし、クラークスピリットは、このふたりにも強烈な影響を与えている。博士は帰国するときにも名言をのこした。見送りにきた学生たちに馬上から叫んだ。

「ボーイズ、ビー・アンビシャス！（少年よ、大志を抱け）」。

小学校時代、ぼくはこの言葉が好きだった。半紙にヘタな字で書き、壁に貼《は》って希望の座右銘にしていた。

名語録 doumon

うまい字よりもわかりやすい字を書け

渋沢《しぶさわ》栄一《えいいち》（一八四〇－一九三一）

達筆でも読めなくては…

渋沢栄一はいうまでもなく明治初年に、日本に株式や銀行を導入した人物である。しかしかつて東京都の職員だったぼくにすれば、「亡くなるまで、当時の東京市立養育院の院長を務めてくださった大先輩・大恩人」なのである。

日本で最初の銀行である第一国立銀行を開設したときに、渋沢さんは行員に、「論語とソロバンを一致せよ」と訓示した。「ソロバン勘定に熱中して、人の道からはずれるな」という戒めで、現在でも守られるべき〝金融機関の初心・原点〟だ、といっていいだろう。「渋沢栄一訓言集」（図書刊行会）という本があって、渋沢さんの訓言が多方面にわたって紹介されている。

その中に、「字体はすべからく明確なるを期すべし」という一文があって、そのあとに「いかに書風が雅致《がち》でも、読み難《にく》い字は実用的に非《あらず》。ゆえにいかに多忙なばあいでも、一見読み下し得るよう、字画正しく、明確なる文字を、なるべく速《すみや》かに書く習慣を養う必要がある」と続けている。

ぼくにとって痛く身にしみる言葉だ。

若いころのぼくは税務の仕事をしていた。昭和二十年だからコンピューター機器などなく、税金の通知書もすべて手書きだった。こどものころからお習字の塾に通ったぼくは、草書が得意だった。そこでナマイキにも住民あての税金の通知書を、ぜんぶ草書で書き、周囲に得意然とした。

ところが数日後、郵便局からドサッと通知書の束が戻されてきた。付箋《ふせん》が貼《は》ってあり「判読不能」とある。全部ぼくの書いた分だ。ぼくは真っ青になった。あわてて書き直した。こんどはガリ版の書体だ。うまいヘタではない。だれにでも読める字体だ。あのときぼくが申し訳ない、と思ったのは郵便を配達する職員に対してだ。必死になって読もう、と努力する職員たちの苦闘を思い浮かべると、いまでも冷や汗が出る。草書で住民への通知書を書いて、自己陶酔に浸っていたバカなぼく。二回書いたということは、税金のムダづかいでもあった。

以後、ぼくは字体を改めた。お手本にしたのは、映画のタイトルの書体だ。とくに黒沢明監督のタイトルの字は、わかりやすく、読みやすく、力づよい。渋沢さんの戒めは尊い。

博多湾をください

島井《しまい》　宗室《そうしつ》（一五三九-一六一五）

島井宗室

臆《おく》せずに天下人と大芝居

島井宗室は博多（福岡県）の豪商だ。茶道家でもあった。織田信長が殺される前夜、信長に招かれて〝最後の茶会〟にも参加している。

明智光秀軍の襲撃にもあわてることなく、一室に端然と座っていたという。最後にやおら立ちあがり、部屋にかかっていた弘法大師の千字文をもって、しずかに立ち去った。千字文は博多の寺に寄贈した。武士顔負けの豪胆さである。

豊臣秀吉が九州征伐で博多にきた。このとき宗室をよんで、「オレは商人も大名に登用している。小西行長（出身は堺の商人）がいい例だ。おまえも大名にしてやる」

といった。宗室は、

「宮づかえはたくさんです。商人のほうが気ままに生きられます」と応じた。秀吉はその気骨をおもしろがり、

「ではのぞみのものをいえ。なんでも与えてやるぞ」と告げた。宗室は部屋の窓をあけて博多湾を示し、

「この海をください」といった。秀吉は大笑し、

「この海はダメだ。いずれ使い道がある（朝鮮出兵の含み）」

と首を横にふった。

天下人とこれほどの大芝居を打った宗室がその後にわかにいきおいが悪くなる。

「秀吉の朝鮮出兵に反対したためだ」

という説がある。宗室は対馬の島主宗《そう》氏と組んで、朝鮮との交易でかなり利益を得ていたので、それがフイになる、と危機感をもったというのだ。

そういうことがあったのかもしれないが、島井家はその後も博多で商売をつづける。家康時代にはいると、博多の支配者は黒田家（如水・長政父子）になる。商人への管理法が一変してしまった。宗室には有名な十七か条の遺訓がある。読んだ人のすべてが、

「あの豪胆で大人物だった宗室が、なんでこんなセコいことを遺言するのだ」とアキれる内容だ。

「四十（歳）までは脇目もふらずに働け、信心は五十から」などというのはまだしも、「使用人は盗人と思え」とか「買い物は自分でおこない、できるだけ値切れ」などといういましめは、どこまで本気なの？と疑いがわく。おそらく自由奔放だった〝戦国商法〟が、平和になって〝チマチマしい商法〟に変わった社会相への、宗室らしいアイロニー（皮肉）だったのだろうか。

人生は思うように
いかないなア

平賀《ひらが》 源内《げんない》（一七二八-一七七九）

才能あれど就職できず

原文は「人参《にんじん》呑《の》んで首縊《くびくく》る痴漢《たわけ》あれば、河豚《ふぐ》汁喰《くら》ふて長寿《ながいき》する男もあり（略）嗚呼《ああ》天歟《てんか》命歟《めいか》」

平賀源内は讃岐《さぬき》（香川県）高松藩の足軽の家に生まれた。長崎に学び、物理・化学・動植物・鉱物・地理などを極めた。本草学者《ほんぞうがくしゃ》であり、文芸家でもあった。こどものときから神童とよばれた。

万能選手で理屈だけでなく、実際に朝鮮ニンジンの栽培・甘蔗《かんしょ》の栽培・製糖法の普及・鉱石の鑑定・石綿の製造・エレキテル（発電機）の普及など、あらゆる面で才能を発揮した。

しかしそれだけにおのれの才をたのむ傾向があり、〝奇人〟

といわれた。

当時の老中筆頭は田沼意次《たぬまおきつぐ》である。前時代の八代将軍吉宗の〝享保の改革〟が、勤倹《きんけん》節約を旨《むね》としながらも、意外と輸入超過であることに着目した。
・日本からの輸出を多くして
・流出した日本の正貨をとりもどそう
・そのためには、輸入品の国産化と輸出品の目玉商品を設定しよう
と考えた。輸入品の国産化として、「漢方薬の国内生産」を計画した。輸出品には三陸地方やエゾ（北海道）の海産物を、〝食の国〟である中国へ送ることにした。

漢方薬を国内生産するにあたって、田沼が考えたのは、「地理地形や、その他の条件をしらべてみれば、日本国内にも漢方薬になる植物が、たくさん生えているはずだ」ということ

である。そこでこの採集を平賀源内に命じた。ところがこのときの採用手続きがゴタゴタし、高松藩主は怒って源内を、「他家での就職禁止」という処分にした。幕府も他家の内に入る。しかし源内はこのしごとをやりとげた。国内で数千種類の漢方薬の基になる植物を発見し、江戸で展示会をひらいた。しかし他家には就職できないので、江戸の市井で、狂歌・戯作《げさく》などに筆を染めた。

たのまれてうなぎ屋の看板まで書いた。現在のうなぎ屋の、あのうなぎののたくったデザインは、源内がルーツだという。

才能があるので名声はたかまる。しかし高松藩主の禁令はきびしく、幕府にも大名家にも仕官できない。自信家のかれはやがてうつ病になっていく。皮肉・諷刺《ふうし》・イヤガラセが武器だ。表題はそのひとつである。人参は朝鮮人参のこと。

なにもないけど
死にたくもなし

林《はやし》 子平《しへい》（一七三八－一七九三）

親も無し
妻無し
子無し
板木無し
金も無ければ
死にたくも無し
六無斎

〝処士横議《しょしおうぎ》〟をきらい罰した

「親も無し　妻無し　子無し　板木《はんぎ》無し　金も無ければ死にたくも無し」という狂歌だ。松平定信（白河藩主）が老中首座（総理大臣）として、〝寛政の改革〟を推進中におこなった言論弾圧で、蟄居《ちっきょ》を命ぜられた林子平が詠んだものだ。歌中に〝ない〟ものが六つ出てくる。そこで子平は自分の号を〝六無斎〟と称した。

子平は経世家といわれる。経営論を講じていたが、やがて〝海防論〟を展開する。「三国通覧図説」や「海国兵談」を発表して、「日本は海防を強化して、外国の侵略から国を守らなければならない」と主張した。その論旨の核は、「隅田川も中国やオランダの海とつながっている」という、〝水の交通路〟の指摘だった。水の道を伝われば、どこからでも日本を攻め得る、というのである。

定信が改革の柱の一本として新しく立てたのが、日本の海防問題だ。その意味では子平の主張には同感するところがあったはずだ。にもかかわらず定信は子平を罰した。

「海国兵談」を「幕政を批判している」、「処士横議を招く危険な書」というレッテルを貼《は》りつけたのである。

のちの〝安政の大獄〟を強行する大老井伊直弼《なおすけ》もそうだが、どうも権力者は〝処士横議〟をきらう。処士というのは、官途につくことなく市井《しせい》にあって、言論活動をおこなっている人物のことをいう。〝横議〟というのは、こういう人びとがヨコに連動して、ひとつのパワーを生むことをさす。

上から下までガッチリ、ガンジガラメにしたタテ社会では、壁を破るヨコ化はまったく好ましからざる現象であった。定信や井伊からみると、〝横〟の字はロクな熟語がない。横着・横暴・横柄・横切る・横紙破り・横恋慕・横断・横転・横領・専横・横っとび・横取り・横道・横槍《やり》などキリがない。

それに子平はオランダ学にも通じ、長崎にいってオランダ商館長とも親しかった。つまり横文字も得意だった。朱子学を幕校の昌平坂《しょうへいざか》学問所の主テキストとし、国学にも造詣《ぞうけい》の深かった定信には、子平のこういう面も気にくわなかったのかもしれない。

子平は江戸の生まれだが、姉が仙台藩主の側室になったので、そのコネで仙台藩に寄食した。無給である。

板木《はんぎ》というのは、このころの印刷技術では木に字を彫りこんで刷った。子平の本は「絶版」を命ぜられたので、板木なしといったのだ。

人の章

おれがいなけりゃ死んでたよ

岡田《おかだ》　以蔵《いぞう》（一八三八 - 一八六五）

〝活人剣〟勝海舟もぎゃふん

幕末の文久年間から元治元（一八六一〜一八六四）年にかけての時期を、〝暗殺の季節〟という。攘夷《じょうい》過激派が京都に蝟集《いしゅう》（たくさんのものが群がりあつまること。蝟はハリネズミ）して、テロ行動をはじめたからだ。

とくに狙われたのが、皇妹和宮を降嫁させた画策者たちだった。多くの公家・公家侍・女官・幕府側の役人・岡《おか》っ引きまでその対象になった。

行動の先頭に立ったのが岡田以蔵（土佐藩）・田中新兵衛・中村半次郎（桐野利秋）＝共に薩摩藩＝などだ。かれらは〝人斬《き》り〟の異名をその名に冠された。なかでも岡田以蔵の行動はすさまじい。

　そんな以蔵に坂本龍馬が忠告した。「バカなまねはやめて、おれの師勝海舟先生の護衛をしろ」。おもしろいことに、以蔵は龍馬の指示に従った。以蔵に暗殺を焚《た》きつけていたのは、土佐勤王党の領袖《りょうしゅう》武市半平太《たけちはんぺいた》で、思想的には龍馬と対立していた。勝は開国論者として攘夷派に狙われていた。したがって以蔵の行為は、突然の転向だ。

　ある夜、勝は三人の暗殺者におそわれた。以蔵が応戦し、ひとりをころし、ふたりは逃げた。助かった勝は以蔵に「むやみに人をころすな」と説教した。すると以蔵は「そんなことをいったって、おれがいなければ先生はころされてましたよ」といいかえした。勝はなにもいえなかった。この話は考えさせられる。以蔵は学問が浅い。勝は深い。そして勝も剣術の達人だ。しかし禅をまなんだ勝は〝活人剣〟を重んじ、刀を抜いたことはない。

つまり精神の技を重んじ、手足での技を重んじない。これはいわば、「インテリ対無教養者」の問題だと考えていいだろう。以蔵が突然勝のガードマンになったのも、師の武市半平太が「以蔵のような無学者は暗殺以外使い道がない」と提言するのに反発したからだ。しかし勝もおなじだった。自分ではなにもしないくせに、能書きだけはたれる。以蔵たちにすればおもしろくない。幕末にもこういう〝不完全燃焼派〟がたくさんいた。

幕末は第二の戦国時代だ。しかし第一の戦国時代の刀、槍《やり》、鉄砲にかわって、幕末の武器は思想と言論だ。素養のない者はどんどん淘汰《とうた》された。参加意欲ばかりつのっても、能力不足、実力不足の者は捨て去られる。自分でもモドカしい。以蔵は結局無宿者として処刑されてしまう。

無資格者は私塾にはいれ

勝《かつ》 海舟《かいしゅう》（一八二三 - 一八九九）

第三の解決法で道開く

元治元（一八六四）年に、勝海舟は待望の「神戸海軍操練所」を設立した。かれはかねて、幕府や各藩（大名家）がもっている海軍を統一しなければ、日本の防衛の役には立たない、と考えていた。この海軍をまとめる事業を「一大共有の海局構想」と呼んでいた。神戸海軍操練所は、幕府や各藩のための海軍軍人ではなく、日本国のための海軍士官の養成機関だ。国立の海軍兵学校である。

したがって入学生には一定の資格がいる。幕臣の子弟であるとか大名家の家臣であるとかの。

ところが海舟がほんとうに育てたいのは、坂本龍馬をはじめ近藤長次郎などの資格のない連中である。龍馬は土佐の郷《ごう》士《し》だし、近藤はまんじゅう屋の悴《せがれ》だ。幕府は、「とても正規の学生にはできない」と拒む。もともと操練所自体、海舟が将軍家茂《いえもち》に直訴して、強引に設立許可をとったいきさつがあるから、幕府の首脳部は好感をもっていない。財政当局も、「財政難の折にトンデモナイ金くい虫をつくりやがった」と〝仕分け〟をしたくてムズムズしている。そんな事情を海舟もよく知っているから、龍馬たちの扱いには頭を悩ませた。「かれらを入学させるか、あきらめさせるか」という二者択一で海舟は苦しんだ。ある日、海舟はハッと思いついた。それは、「二者択一でなく第三の解決法を考えよう」ということだった。そして考えついた。考えた第三の方法とは、

・操練所とは別に海舟個人の私塾をつくる
・龍馬たち無資格者は全部この私塾にいれる

・しかし私塾での救済は操練所の教育とまったくおなじものとする

・というより、操練所での学習・実習に参加させるということである。オレたちは入学できるのか、できないのか、とハラハラしていた龍馬たちに、海舟はいった。「操練所にはいる資格のない者は、オレの私塾にはいれ。授業は操練所の正規学生といっしょにおこなう」。無資格者たちはよろこびの声をあげた。龍馬は感動した。そして海舟のこの措置をその後の政治活動に応用する。薩摩か長州かでなくその連合を。朝廷か幕府かでなく、将軍の自発的大政奉還を。これら〝第三の解決法（道）〟の設定をすべて「日本のため」と理由づけた。

この上は公論によって正否を決しよう

坂本《さかもと》龍馬《りょうま》（一八三五 - 一八六七）

龍馬は国際裁判を迫る

幕末時、〝開国論者〟とよばれる一群の思想家がいた。佐久間象山《しょうざん》・勝海舟・横井小楠《しょうなん》などである。この三人に学んだ坂本龍馬もこのなかにはいるだろう。

しかしこれらの開国論者はただ列強に屈して、国もあけっぴろげにしよう、ということではない。「日本が攘夷《じょうい》をおこなえる（対等に交渉できる）国力を身につけるためには、外国の実体を知らなければならない。そのためには日本も開港し、外国と積極的に交流する必要がある」ということなのだ。

究極的には「自分の国は自分で守る」という、愛国論なのだ。吉田松陰がアメリカへ密航しよう、としたのもおなじ考えだ。勝はこの究極的攘夷を実行するために、「一大共有の海局へバラバラな幕府や藩の海軍を統一して、〝日本海軍〟にまとめる。そういう志をもつ海軍士官を養成する学校をつくる」という構想をもち、神戸海軍操練所を設立した。

ところがこの操練所から、反幕行動に参加した学生が出たために、幕府の仕分けにあい「廃止」とされ、操練所はつぶされてしまった。学生だった坂本龍馬たちは、最初は薩摩藩の西郷吉之助らをパトロンとして、長崎亀山に〝社中〟をつくり、やがて〝海援隊〟に発展させた。

慶応三（一八六七）年の春、龍馬たちは伊予（愛媛県）大《おお》洲《ず》藩所有の〝いろは丸〟という小型船を借りて、事業をおこなうため長崎から大坂にむかった。ところが瀬戸内海上で、突然紀州（和歌山県）藩の船に衝突され、沈没してしまった。

いろは丸は四十五馬力、百六十トンだが、紀州藩の船（明光丸）は、百五十馬力、八百八十七トンだ。三倍の馬力と五倍のトン数だ。龍馬たちはすぐ明光丸にのりこんで抗議したが、紀州側ではキチンとした対応をしない。理由は

・紀州藩は徳川家の御三家であること

・海援隊は武士のいやしむ営利活動をおこなう組織であり、しかも沈んだ船は大洲藩というちいさな大名家の所有であること

これにカチンときた龍馬は「場合によっては一戦も辞さない」と腹をくくった。しかしこのころのかれは、海上のトラブルを処理する裁判のあることをしり、そのルールを定めた「万国公法（国際法）」を手にいれていた。

そこでこのことを紀州に申しいれ、「長崎で国際裁判をひらき、公論によって正否を決しよう」と迫った。紀州は屈し巨額の賠償金を払った。

涙を抱えて沈黙すべし

中岡《なかおか》　慎太郎《しんたろう》（一八三八‐一八六七）

逸《はや》る同志をおしとどめた

中岡慎太郎は土佐(高知県)の郷士《ごうし》だ。同郷の坂本龍馬とともに、当時イヌとサルの関係にあった薩摩藩と長州藩を、連合させる工作に一役買った。

慶応三(一八六七)年十一月に、京都で龍馬とともに殺された。そのため、「ふたりは同志であった」といわれるが事実はちがう。同志であったとしても、それは〝小同大異〟の同志であって、〝大同小異〟の同志ではない。なぜなら龍馬は〝倒幕〟論者であって、中岡は〝討幕〟論者である。倒と討のちがいは、倒は話しあいによる平和的な政体改革をめざし、討は武力行使による戦争変革をめざす。

中岡はこの時代に起こったアメリカの南北戦争の熱心な研究者だった。この戦争からかれは、「ひとつの理想（奴隷解放）を実現するためには、国民同士が血を流しあうことも必要だ。そしてその経験が、国民に身にしみて理想実現の努力をさせるのだ」と信じていた。

したがって龍馬の話しあい変革など生ぬるい。ところが龍馬は先手を打って、将軍徳川慶喜《よしのぶ》に大政を奉還させてしまった。殺される一カ月前だ。中岡は激怒した。このころ、武力討幕派は公家の岩倉具視《ともみ》の仮寓《かぐう》で、着々と戦争の準備をすすめていた。掲げる軍旗（錦の御旗）も軍歌（宮さん宮さんお馬の前に）もできた。いつ出陣するかの段階にあった。それを龍馬にひっくりかえされたのだ。

だから十一月十五日のふたりの会談が、友好的であったはずがない。憤まんやるかたない中岡は、さぞかし龍馬を怒鳴りまくっただろう。激論が昂《こう》じて斬《き》りあいになるのをおそれ、ふたりとも刀を遠ざけたのではなかろうか。そのすきにふたりとも斬られた。

だれが暗殺の黒幕か。微妙な課題だ。

冒頭の言葉は、文久三（一八六三）年八月十八日の政変によって、長州藩とこれに同調する日本浪人軍が、京都から追いだされたときに、中岡がつぶやいたものだ。

中岡は浪人軍の指導者のひとりだった。かれらは七人の過激派公家を擁して、長州へ落ちていった。長州藩のせわになり、〝失地回復〟のための力を養った。ともすれば、「まきかえしに京都に攻めのぼろう」と逸《はや》る同志を、中岡はこの言葉でおしとどめた。

筆者の好きな言葉で、仕事がうまくいかないとき、イヤなことがあったときに、そっとつぶやいている。

知者にもホンモノとニセモノがある

蒲生《がもう》 氏郷《うじさと》(一五五六‐一五九五)

〝口先人間〟を見極める

蒲生氏郷ははじめ近江国（滋賀県）日野城主で、少年のころは織田信長の人質となり、経営術をまなんだ。信長に愛され、その娘を妻にもらった。信長の後継者候補のひとりとして、もっとも有力視され、野心家の秀吉に警戒された。〝人使いの名人〟といわれ、

「部下の管理は情と給与の両輪でおこなうべきだ」

ということばは有名だ。あるとき重役が、

「才知がズバぬけておりますので、おそばでお使い下さい」

といって玉川という武士を推薦した。氏郷は承知し玉川を側近として使った。十日ばかりたつと氏郷は玉川の推薦者を

よんだ。

「玉川を返す。現場へもどせ」と告げた。重役が、

「なにか不調法《ぶちょうほう》がございましたか?」

ときいた。氏郷はうなずき、つぎのような話をした。

「知者にはホンモノとニセモノがある」と前置きし、その違いを次のようにのべた。

・ホンモノの知者　学識や教養が深く、ものごとの判断力にすぐれている。が、その判断は慎重で、また本人自身つつしみ深い。けっして知力を鼻の先にブラさげることなく、言行はつねに控えめである。これが徳となって人びとの信望を得る

・ニセモノの知者　一応の学識はある。しかしすべて針小棒大で、言語を巧みにするいわば〝口先人間〟が多い。才知はあるがそれを人をたぶらかす武器にしている。いまの世

の中で知者といっているのは、こういう者のことである。

「玉川もニセモノでございますか?」

「そうだ」

「たとえばどのようなところが?」

重役も単に身びいきではなく、

「玉川なら必ずお役に立つだろう」

と自信をもって推薦したので、容易にはひきさがらない。

氏郷は玉川をしりぞける理由を、ひとことで説明した。「玉川は、わしの好きな人間はホメ、きらいな人間は悪口をいう。これではわしのためにならぬ」。重役はことばを失った。しりぞけられた玉川は現場にもどらず辞任した。そして他家に仕官(就職)した。やがて、「玉川はしきりに蒲生家の悪口をいっている。とくに氏郷様のことをあしざまにいっている」といううわさが流れてきた。氏郷は苦笑した。

叱《しか》ると怒るはちがうぞ

本多《ほんだ》　正信《まさのぶ》（一五三八‐一六一六）

殿をいさめるために実演

本多正信は徳川家康の〝謀臣《ぼうしん》〟だといわれる。腹黒い黒幕のように思われるが、必ずしもそうではない。家康は「馬上で天下をとっても、馬上から天下は治められない（合戦で天下を掌握しても、武器では国を治められない）」ということをよく承知していた。〝大坂の陣〟で豊臣氏をほろぼした直後、家康は「慶長」という年号を「元和《げんな》」と改元した。〝平和のはじめ〟という意味だろう。

また「一国一城令」をはじめとして、たくさんの法度《はっと》（法令）を出した。総称して「偃武《えんぶ》令」という。偃武というのは、「武器を倉庫にしまってカギをかけ、二度と出さない」

という意味だそうだ。家康が
「これからの天下（日本国）は平和に経営する」

と考えていたことはたしかである。そのために国民の生きかたにいろいろ制約を加え、なかには度をこしたものもある。

本多正信はこういう家康の意図をよく理解し、その路線からはずれそうになったときは、面《おもて》を冒《おか》して諫言《かんげん》した。その諫言のやりかたも、家康の人間性をよく知りぬき、さまざまな工夫をこらした。〝謀臣〟というのは、そういう意味合いがつよい。

こんな話がある。家康は自分の政治理念をキチンと理解しない部下をよく叱《しか》った。声をあげてののしる。

そんなときに必ず正信が割ってはいる。そして家康以上にはげしいののしりかたをする。家康のほうが呆《あき》れてだまってしまう。しまいには、

「正信、それは少し言い過ぎだぞ」

とたしなめるほどだ。が、正信はやめない。ガンガン続ける。相手はうなだれてあやまり続ける。家康は出場《でば》を失ってだまってしまう。

正信はこう続ける。

「殿《との》（家康）が、おまえに大きい声を出されたのは、決しておまえが憎くてそうされたわけではない。おまえの能力をみこんで、末永くお使いになろう、とお思いになるからこそ耳に痛いことをおっしゃったのだ。つまり愛情をこめてお叱りになったのだ。憎くて大声を出すのは怒るということだ。この違いをわきまえろ」

これは家康にもチクリとクギを刺しているのだ。つまり「部下は叱ってくださいよ。決して怒ってはなりませんよ」ということである。

急ぐ知は真の知ではない

徳川《とくがわ》 吉宗《よしむね》(一六八四－一七五一)

身近な事例で科学・合理化

徳川吉宗は八代目の将軍で、〝幕府中興の祖〟といわれ、〝享保の改革《きょうほう》〟を成功させた。改革推進には江戸城前に「目安箱」を設けて、江戸市民のよい意見を施策に反映させた。前職は紀伊（和歌山県）藩主だったが、そのころから愛民の考えをもっていた、という。将軍になったとき、江戸城の役人たちは、吉宗の、「思いきった幕府組織の改変と、大規模な人事異動」を予想して戦々兢々《きょうきょう》とした。が、吉宗は組織はそのまま、人事は江戸町奉行に大岡忠相《おおおかただすけ》を抜擢《ばってき》したことと、大奥の規模を縮小したくらいだった。役人たちはホッとした。しかし考えようによっては、吉宗は市民の声とむすぶことによって、江戸城の役人をはさみうちにし、その意識改革をもとめた、ともいえる。かれは文学よりも科学を重んじ、国政の合理化・科学化をうながした。かれ自身、天体望遠鏡で星を観測し、雨量計測計で河川の洪水を予測したという。

あるとき、吉宗は風呂にはいってカミソリを忘れてきた。部屋にもどって小姓たちに、

「風呂場にカミソリを忘れてきた。とってきてくれ」

とたのんだ。三人の小姓が風呂場に走り、まもなく戻ってきた。ひとりがカミソリをもっている。吉宗がきいた。

「風呂場は真っ暗だったはずだが、どうやってカミソリを発見したのだ?」

ひとりは、

「おっしゃるとおり真っ暗なので手が出せませんでした」

と正直に答えた。ひとりは

「目が闇になれるまでじっとしておりました」

と答えた。カミソリを手にしている小姓は、

「風呂場に敷いてある板の上で跳《は》ねました。カラリとカミソリのとぶ音がしましたので、拾ってまいりました」

といった。座にいる人びとは、

「大したチエだ」

とみんなほめた。吉宗だけが首を横にふった。こういった。

「いやいやちがう。かれのチエは危険だ。もしカミソリが足もとにあったらどうするのだ。ケガをするぞ。かれのチエは急ぐチエであって、ほんとうのチエとはいえない。ほんとうのチエというのは、闇になれるまでじっと目を据《す》えて待っていた者のチエだ。これこそ大丈夫のチエである」

吉宗はこういう身近な事例を使っては、部下を研修したのである。

罪のつぐないに仏頂面《ぶっちょうづら》を
やめよ

井上《いのうえ》 正利《まさとし》（一六〇六－一六七五）

部下の決意を推《お》し量る

名奉行といえばその多くは江戸町奉行をさす。大岡越前守や遠山金四郎などだ。井上正利も名奉行といわれた。しかし井上の場合は寺社奉行としてである。ホトケや将軍の信任を背景とするどんな名僧知識にも、勧善懲悪の原則はくずさなかった。トラの威をかるキツネ的僧には、「小僧、もっと修行しろ」などと逆襲することもあった。

また訴状を全文カナなしの漢文で提出すると、「ここは中国ではない。日本文で書き直してこい」と突きかえしたりした。無類の学問好きで、林羅山《はやしらざん》や山崎闇斎《やまざきあんさい》に学ぶところが多かった、という。また政治家としては、京都所司代として名の高い板倉重宗を尊敬していた。常陸（茨城県）の笠間藩主である。

学殖深く筋を重んずるので、老中（閣僚）たちも井上を頼りにした。よく御用部屋（老中の詰め所）へ招いては、政勢に関する意見を聞いた。このとき井上は必ず、

「板倉さまならどうなさるでしょうか、お考えくださ い」

と所司代板倉重宗の言行を例に引いて、自分の考えはのべなかった。無類の部下思いとしても知られていた。

本業の寺社奉行だけでなく、折にふれては老中たちによばれるので、帰りの時間が定まらない。そのため江戸城内で井上の退出を待つ駕篭《かご》や、つきそいの供たちがいつもボヤいた。これを知った井上はあるとき、

「供の者は五つ（午後八時）になったら、ひきあげてよい」

と告げた。部下はよろこんだ。

ある夜、午後八時ちょっと前に井上が下城した。ところが控室には供はいない。駕篭もない。ほかの大名の供にきくと、「井上様のお供はさっき帰りました」という。ほかの大名が気の毒がって、

「わたしの駕篭をお使いください」といったが、井上は遠慮した。歩いて邸《やしき》にもどった。さすがにこれは問題になった。重役が供の責任者をきびしく叱責《しっせき》、井上の前につれてきた。

供の責任者は誠実な中年武士で、およそ愛想がない。いつも仏頂面《ぶっちょうづら》をしている。しかし責任感はつよい。今夜も主人は八時過ぎるだろう、と自分の判断で部下を帰してしまったのだ。しかし責任を感じ腹を切る気でいた。その決意がありありとわかったので井上はこういった。「罰を与える。今後その仏頂面をやめろ」

悪評は知力で振り払え

水《みず》野《の》忠邦《ただくに》（一七九四－一八五一）

質問13カ条、一気にスラスラ

水野越前守忠邦（浜松藩主）は、〝天保《てんぽう》の改革〟を推進した幕末の老中筆頭だ。しかしその改革はあまりにもきびしく、〝上下おののくばかり〟といわれて、やがて失脚した。官邸から私邸に退去するときに、門外で待ちかまえていた江戸市民が、いっせいに石のツブテを投げつけたという。

日本の歴史で退任時に石をぶつけられたのは、水野だけだ。しかしかれははやくから開明的な考えをもち、オランダが、「一、二年のうちにアメリカのペリーが日本にきて開国を迫るはずだ」と予告したとき、これを重大視した。「すぐ閣議で対応策を検討すべきだ」と主張したが、ことなかれ主義の他の老中たちは黙殺した。水野は開国論である。

このことをきいて、ケシカラン！　と激昂《げっこう》したのが水戸藩主の徳川斉昭《なりあき》だ。斉昭はのちに〝攘夷《じょうい》の総本山〟といわれるほどの攘夷論者だ。攘夷実行のために、藩内の寺の鐘を溶かして大砲にするほどの改革をおこなっていた。そこであるとき、腹心の藤田東湖《ふじたとうこ》を水野のところに派遣し、十三カ条にわたって水野の所見をたださせた。

この日水野は正装し、威儀を正して東湖と会見した。東湖はつぎつぎと質問した。しかし水野は一条ごとに沈黙した。答えない。じっと東湖を凝視し、一問の問いが終わると目で、「つぎは？」とうながす。やむをえず東湖は答えを得ぬまま、十三カ条の質問を終えた。

「以上でございます。お答えをいただきたい」「相わかった」うなずいた水野は滔々《とうとう》と答えはじめた。第一条は質問のとおりおこなってもよい、第二条は幕府の方針に違反するので控えられたい、第三条は水戸殿のお考えに一理あるので、閣議で検討のうえお答えするので、一両日ご猶予を願いたいなど、全十三カ条にわたって、実に明快な答えかたをした。東湖は呆《あき》れた。同時に感動した。水野のすばらしい知力に一驚したのである。

答え終わった水野はニッコリ笑った。こういった。

「きょうはゆっくり水戸殿のことなど、貴殿からうかがいたかった。が、別室に多数の面会者を待たせてあるので、これで失礼する。水戸殿にくれぐれもよろしく」

戻ってきた東湖からこの報告をきくと、斉昭は苦笑した。そしてつぶやいた。

「水野はおそろしい奴《やつ》だ。世の悪評に知力で応えた」

以後、斉昭は思想をこえて水野に接近したという。

鐘が響くのは
空洞があるからだ

大塩《おおしお》 平八郎《へいはちろう》（一七九三 - 一八三七）

ガランドウの効用説く

大塩平八郎は幕末ちかい天保《てんぽう》八（一八三七）年二月に、大坂で挙兵した。乱はすぐ鎮圧されたが、その影響は大きかった。

「明治維新のきっかけは、この乱がつくった」

と説く研究者さえいる。かれは世襲の大坂町奉行所与力《よりき》で、同時に高名な陽明学者でもあった。通信教育で江戸の佐《さ》藤一斎《とういっさい》にもまなんだ、という。一斎は幕校昌平坂《しょうへいざか》学問所の教授だったが、「陽朱陰王（表では朱子学を教えるが、かげでは陽明学を教える）の学者」といわれていた。陽明学は行動を重んじたので、幕府は、〝秩序を乱すアブナイ学問〟として、嫌っていた。

大塩はみずから「洗心洞《せんしんどう》」と名づけた塾をひらき、大っぴらに陽明学を教えていた。上司である大坂町奉行は、大塩を〝トラブルメーカー〟としてとらえ、

「いかにかれを御すか」

というのが、歴代の懸案事項だった。しかし、

「大坂市政は市民のためにある」と〝仁政〟を掲げる大塩は、頭をなやます奉行を尻目に、つねに〝わが道〟を進んだ。

かれは塾でまなぶ門人に〝アウト・ドア教育〟をおこない、市中や郊外を散歩した。そして社会事象や自然の変化などを教材にした。

掲げた言葉は、ある日の夜明けごろに、門人をつれて散策したときに告げたものだ。

「夫《そ》れ鐘の鳴るは、其《そ》の中に虚なるを以《もっ》てなり（あのように

鐘が鳴り響くのは、鐘のなかにガランドウの部分があるからだ)」そして、「もし空洞部分がなく詰まっていたなら、鐘は音も立てない」とつけ加える。人間もおなじで、心の部分をすっかり塞《ふさ》いでしまったら、いい考えも湧《わ》かないし、その考えが他人の心に響いていくこともない、と教えた。

この〝ガランドウ（カラッポ）の効用論〟は、元をたずねると「老子」ではないか、と思われる。老子は、「器は粘土をこねてつくられる。しかし器にとって大切なのは、その粘土によってつくられた外形ではない。内部のなにもない部分である。このカラッポがあるからこそ、器はその役目を果たせるのだ（意訳)」と告げている。

つまり「有を支えるのは無だ」と無の効用を説く。大塩は当然こんなことは知っていた。大塩が挙兵したときのスローガンは、〝愛民〟だった。

名語録 doumon

同じ人物でも会うたびに新鮮だ

井伊《いい》 直弼《なおすけ》(一八一五 - 一八六〇)

趣味の茶道は〝一期一会《いちごいちえ》〟

〝一期一会〟という言葉は、茶道から出たものだという。キチンと成文化したのは井伊直弼だ。彦根藩主で幕府の大老になり、〝安政の大獄〟を強行した、反動的な保守政治家として位置づけられている。が、井伊の反動性は前政権担当者(老中首座)阿部正弘の〝時期尚早的ひらかれた国政〟への反発だ、とみることもできる。阿部はペリーがもってきたアメリカ大統領の国書を、和訳して日本じゅうにバラまいた。ソ連崩壊直前に、ゴルバチョフがおこなったペレストロイカとグラスノスチを、阿部は幕末において敢行したのだ。即《すなわ》ち、情報の公開、国民の国政への参加奨励だ。これによって世論

は、「つぎの将軍はどういう要件をそなえるべきか」という
ことにまで言及するようになった。こういう状況に井伊は反
発した。「民はよらしむべし、知らしむべからず、というのは、
政治にたずさわる者の心がまえを告げたものである」として

・政治がつねに民が安心してよりかかれるものであるなら、
民はよけいな情報も参加ももとめない
・にもかかわらず、政治にたずさわる者がその責務を果たし
ていない。しかも言い訳をしたりウソをついたり、情報を
かくしたりする
・しかしだからといって、阿部のように、なにもかも民に丸
投げするのも時期尚早だ
・政治担当者（武士）は、初心原点に帰って、自己の責務を
果たすべきである

いまの世の中ではいろいろ論議をよぶ考えかただ。

井伊は彦根藩主の家に生まれたが、長男ではないので若いころは冷やメシ食いだった。文学者だったかれは、自分を〝埋《うも》れ木〟にたとえ、居宅の門に、「埋木舎《うもれぎのや》」という表札をかかげていた。生涯世に出ることはあるまい、とあきらめていたのである。それが突然家を相続させられ、さらに日本の困難に立ちむかう宰相《さいしょう》の座につかされてしまう。決断につぐ決断、しかも支持者がすくなく、かれはつねに山頂の一本松だ。風当たりはつよく、孤独だった。そんなかれが、自己の波立つ精神をしずめ、決断時に冷静さを保つために重んじたのが茶道だった。その著「茶湯一会集《ちゃのゆいちえしゅう》」でつぎのように書く。「たとえば幾度おなじ主客交会するとも、今日の会にふたたびかへらざる事を思へば、実に我一世一度の会なり…」。かれにとって相手がおなじ人間でも、会うたびにフレッシュなのだ。

一灯あれば暗夜もこわくない

佐藤《さとう》 一斎《いっさい》(一七七二‐一八五九)

〝頼れる自分〟をつくる

人間の一生には暗い闇《やみ》のなかを歩くようなことが、しばしばある。というより、そのほうが多いかもしれない。しかもだれも頼れる存在がなく、たったひとりで心細い旅をつづける。そんなときに、ほんとうに頼れるのは自分だけだ。自分は自分のちょうちんなのだ。暗い足もとを照らし、安全な道に導くちょうちんなのである。

しかしその光源になるエネルギーはいったいなんだろう。

「一灯を掲げて暗夜を行く。暗夜を憂うることなかれ。只《た》だ一灯を頼め」（佐藤一斎〝言志晩録〟）

佐藤一斎は幕末の学者だ。美濃国岩村藩（岐阜県恵那市岩村町）の出身で、晩年に幕府の昌平坂学問所《しょうへいざか》の教授をつとめた。安政六（一八五九）年九月に八十八歳で死んでいる。

藩主松平家の三男が幕府の大学頭《だいがくのかみ》林家の養子になったので、その縁で林家の私塾で門人を教えた。三十四歳のときだ。

一斎が昌平坂学問所の教授になるのは、天保《てんぽう》十二（一八四一）年のことで七十歳になっていた。しかし一斎にとって国立大学（昌平坂学問所）の教授であろうと、私塾の先生であろうと、そんなことはカンケイない。自分の信ずることを教えつづけた。

かれに有名な三学のいましめ、というのがある。意訳すると、

・子どものときから学べば大人になったときに、世の中のためによいことをなしとげられる

・大人になっても学びつづければ、活気を失うようなことは

ない
・老人になっても学んでいれば、世の中のために努力したことを、多くの人がおぼえているので、死んでもほろびることはない
（少にして学べば、則《すなわ》ち壮にして為すこと有り。壮にして学べば、則ち老いて衰えず。老いて学べば、則ち死して朽ちず）。

つねに前むきなのだ。したがってかれの教えは〝実行〟を前提とする。いたずらな字句の解釈への没頭などしない。「学んだことは必ずおこなえ。おこなえないようなことは学問ではない」と唱え続けた。

現在、恵那市では、この〝三学〟を〝まちづくり〟にリンクさせて、子どものときからその趣旨を浸透させ、環境づくりの土台にしている。「まちづくりは心づくりだ」ということだろうか。

イヤなしごともひとつずつ

貝原《かいばら》　益軒《えきけん》（一六三〇 - 一七一四）

自分自身の現状不満かも

貝原益軒は江戸前期の儒者、博物学者、教育者だ。「訓」という字のつく著書が多い（大和俗訓・五常訓・楽訓・養生訓など）ため、「説教ばかりしているウルセエ（うるさい）ジジイだ」と敬遠する向きも多い。しかしキチンと読んでみると、現在のわれわれにけっこう参考になる文章が多い。引用したのは「大和俗訓」の一節で、「通勤アレルギー」になったビジネスマンの療法を書いたものだ。

「凡《およ》そつとめに退屈し、久しく勤めがたきは、おおかたは、精力のよわきにはあらず。気ずゐ《い》にして、事を勤むるをきらい、心いそがわしくて、みじかき故、むつかしく思いて、はやく退屈するものなり」

益軒は筑前（福岡県）黒田家に仕えていた。十九歳のときから御納戸《おなんど》（調度品の調達や保管）のしごとを担当した。が、二年後にクビになり浪人した。不遇なくらしを数年間送る。藩主に直言して嫌われたのが理由だという。

学問が深いし若いから、正義感にかられて、「殿、そんなことをなさってはいけませんよ」と説教したのだろう。「納戸役がナマイキなことをいうな、クビだ！」としりぞけられてしまった。この痛い経験をふりかえった言葉である。引用した文のあとにつづく言葉を、意訳して紹介する。

・心が忙しくて気が短いと、どうしても短時間で目的に近づこうとする

・それも自分のやりたいことを、あれもこれもと一度に同時進行させようとする

・しかしそんなことができるはずがない
・そうなると仕事が面白くなくなり、職場に通うのが嫌になってくる
・こういうときは、心を静かにして、仕事をリストアップし、プライオリティ（優先順位）を立てて、それも嫌な仕事から順にひとつずつ仕上げていけば、勤めも楽しくなり、長つづきするようになる
・このためには、怠《おこた》りのない、継続性、連続性が大切だ
・そうすれば疲れることもなく、通勤アレルギーもおこらない

殿様に直言したときは、殿様の非よりも、むしろ益軒自身の若いあせりが現状不満となり、殿様に八つあたりしたのではなかろうか。

メモは紙でなく心に書け

土井《どい》 聱牙《ごうが》（一八一七－一八八〇）

繰り返し音読しておぼえろ

土井は津（三重県）藩の学者で名は有恪、字《あざな》は士恭といった。「どんな人間にも必ず長所がある」といって、親から見放された若者を「オレに預けろ」と引きとった。すべて社会復帰させた。その数は数十人におよんだという。

暗記力が抜群で読んだ本の内容は全部おぼえていた。弟子が、「先生、こういうことはどの本のどのへんに書いてありますか？」ときくと、立ち所に、「ナントカという本の何頁《ぺーじ》の何行目だ」と答える。弟子がそこをめくってみると、ピタリそのことが書いてあった。土井は、「本を読むときは大きな声で音読しろ。黙読だと人の話し声や雑音がはいって邪魔だ」「私の話はメモをとるな。メモをとるなら心に書け」などといった。また、「本を読んでいて、わからぬところがあったら、わかるところをくりかえして読め。わからぬところもわかるようになる」ともいった。自分では本を書かない。弟子がきいた。「先生はすぐれた学者です。なぜ本をお書きにならないのですか?」

土井はこう答えた。「わしの考えはすでに孔子や孟子が世に告げている。いまさらわしが語るまでもない。また文章は韓退之《かんたいし》がわしの書きたかったことを書いている。わしの文章が読みたければ、韓退之を読め」

手がつけられない。奇人の部類にはいるのだろうが、だれもそんなことはいわない。それは、「学問をまなぶのは実に楽しいぞ。手本をみせてやる」と、たとえば「史記」など中国の歴史書を教えるときに、そばにある茶碗《ちゃわん》や文房具などを小道具として使い、「この茶碗が曹操で文鎮が孔明だ」などと説明する。小道具は生きもののように扱われる。「おまえたちが学問を苦しいと思うのは、学問の解釈に金しばりになっているからだ。そんなものは千切って捨てろ」「学者のなかには、やさしいことをワザワザむずかしく教える者がいる。そして頭のよさを誇る。そんなヤツはほんとうは頭がわるいのだ」と悪態もつく。

こんな調子だから土井の塾はいつもいっぱいだった。女性の弟子もいた。あるとき土井がその女性に、「孟子を講義するから書庫にいって、孟子の本をもってこい」といった。女性は緊張していたためちがう本をもってきた。しかし土井は平然とその本を見台にのせ、滔々《とうとう》と孟子の講義をしたという。

人間として守るべき一字は恕《じょ》

孔子（論語）（BC五五一‐BC四七九）

子貢問曰
有一言而
可以終身
行之者乎
子曰
其恕乎
己所不欲
勿施於人

常に相手の立場に立って…

孔子の門人子貢《しこう》があるとき師にきいた。「たった一文字で、人間が死ぬまでおこないつづけなければいけない字がありますか?」。孔子は答えた。「それは恕《じょ》だね」。恕の意味を孔子は「自分のやりたくないことは、他人にも押しつけないことだよ」と説明している。(「子貢問うていわく、一言にして以て身を終うるまでこれをおこなうべきものありや。子いわく、それ恕か、おのれの欲せざる所を人に施すことなかれ」)

漢和辞典を引くと、「恕」は「思いやり・いつくしむ心・ゆるす・同情・自分のやさしさを他人に移すこと」などと説明している。ぼくはいま原稿を書くほかに、いろいろなところから講演をたのまれる。対象は経営者や市民団体や役所だ。テーマは〝歴史にみる経営者やリーダーシップ〟というのが多い。

どんなテーマでも、しめくくりとして、

「いまもっとも必要なのが恕の精神です」と告げる。ぼくは恕の精神を、

「いつも相手の立場に立ってものを考え、実行する」

という意味にうけとめているからだ。経営者はつねに客の立場に立ち、行政はつねに住(国)民の立場に立って需要(ニーズ)をうけとめ、その実現に努力する、ということである。

しかしそのためには、こちら側がつねにそれをうけとめる気がまえ(心の鏡)を、ピカピカに磨いておかなければならない。ともすれば私欲が湧《わ》いて心の鏡をくもらせる。

そうなると恕の精神も萎《な》え、ニーズの正確な把握もできな

くなる。場合によってはゆがめてうけとめる。

いまの世の中では、恕の一字は経営者や政治家・役人だけに必要なのではない。すべての人間にとって必要なのだ。家庭でも学校でも職場でも地域社会でも、さらに国家間でも。

だから相手の立場に立つ、といっても一方的に〝丸受け〟をする、ということではない。相手も、

「相手の立場に立つ」のだから当然ニーズについての論議が起こる。フィードバックがおこなわれるのだ。フィードバックというのは、

「出力の一部を入力にかえて出力を制御する」

ということだろうか。したがって恕の精神は、無定限な受容ということではない。知に裏づけられた、節度ある欲求の調整ということになるだろう。単なる情主体の営為ではないのである。

関係年表

西暦	年号	日本の主な出来事	世界
(BC) 479			中国・孔子没
(AD) 1192	建久3	源頼朝、征夷大将軍となる	
1219	建保7	源実朝、殺害される	
1333	元弘3（正慶2）	鎌倉幕府滅亡	
1566	永禄9	毛利元就、尼子氏を亡ぼす	
1573	天正1	室町幕府滅亡	
1582	天正10	本能寺の変	
1584	天正12	小牧長久手の戦い	
1585	天正13	秀吉、関白となる	
1590	天正18	蒲生氏郷、会津に入る	
1598	慶長3	秀吉没	
1600	慶長5	関ヶ原の戦い	英・東インド会社設立
1603	慶長8	家康、征夷大将軍となる	英・エリザベス一世没
1608	慶長13	藤堂高虎、伊勢・津に入る	
1610	慶長15	名古屋城の築城始まる	伊・ガリレオ、木星の衛星観測
1614	慶長19	大坂冬の陣	
1615	元和1	大坂夏の陣で豊臣家滅亡	

1643	寛永20	保科正之、会津藩主となる	
1680	延宝8	綱吉、将軍となる	
1688	元禄1	西鶴『日本永代蔵』刊	英・名誉革命
1689	元禄2	松尾芭蕉『奥の細道』の旅に出る	
1702	元禄15	赤穂浪士の討ち入り	
1703	元禄16	近松門左衛門『曾根崎心中』初演	
1713	正徳3	貝原益軒『養生訓』できる	
1716	享保1	吉宗、将軍となる	
1717	享保2	大岡忠相、江戸町奉行となる	
1739	元文4	幕府、徳川宗春に蟄居を命じる	
1767	明和4	米沢藩・上杉鷹山の改革始まる	
1772	安永1	田沼意次、老中となる	
1776	安永5	平賀源内、エレキテルを完成	米・独立宣言
1780	安永9	細井平洲、尾張藩校の篤学（学長）となる	
1787	天明7	松平定信、老中首座となる	
1792	寛政4	林子平蟄居	仏・共和制宣言
1793	寛政5	松平信明、老中首座となる	仏・ルイ16世処刑
1830	天保1	伊勢おかげ参り流行	
1834	天保5	水野忠邦、老中となる	
1837	天保8	大塩平八郎の乱	英・ヴィクトリア女王即位
1839	天保10	蛮社の獄	
1841	天保12	天保の改革始まる。渡辺崋山自殺	

1845	弘化2	阿部正弘、老中首座となる	
1853	嘉永6	ペリー、浦賀沖へ来航	クリミア戦争起こる
1854	安政1	安政南海地震で津波	
1855	安政2	安政江戸地震で藤田東湖圧死	
1858	安政5	井伊直弼、大老に就任 日米修好通商条約調印	印・ムガール帝国滅亡
1860	万延1	桜田門外の変	米・リンカーン大統領就任
1863	文久3	高杉晋作ら奇兵隊編成	
1864	元治1	幕府、神戸に海軍操練所を設置	
1866	慶応2	坂本龍馬、薩長連合を周旋	普墺戦争起こる
1867	慶応3	慶喜、将軍となる。孝明天皇没 明治天皇即位。ええじゃないか騒動 坂本龍馬と中岡慎太郎暗殺	マルクス『資本論』刊行始まる
1868	明治1	鳥羽・伏見の戦い。江戸城開城	
1869	明治2	版籍奉還	
1870	明治3	前島密、郵便制度創設を建議	普仏戦争起こる
1872	明治5	東京・横浜間に鉄道開通。太陽暦の使用決定	
1873	明治6	第一国立銀行開業。西郷隆盛ら下野。三菱商会設立	
1876	明治9	クラーク博士、札幌農学校着任	
1877	明治10	西南の役起こる	露土戦争起こる

1885	明治18	内閣制度制定。伊藤博文、初代総理大臣となる	
1889	明治22	大日本帝国憲法公布	第2インターナショナル結成
1890	明治23	第一回衆議院選挙、第一回帝国議会招集	
1891	明治24	大津事件起こる	
1894	明治27	日清戦争勃発	
1895	明治28	下関講和条約調印、三国干渉受ける	
1899	明治32	横山源之助『日本之下層社会』刊行	中国（清）義和団事件
1900	明治33	伊庭貞剛、住友総理事となる	
1901	明治34	与謝野晶子『みだれ髪』刊行	第一回ノーベル賞授与
1902	明治35	日英同盟調印	
1904	明治37	日露戦争起こる。旅順港閉塞作戦	
1905	明治38	日本海海戦。ポーツマス講話条約調印	露・血の日曜日事件
1906	明治39	夏目漱石『吾輩は猫である』刊行	
1909	明治42	伊藤博文、狙撃され死亡	
1911	明治44	大逆事件の幸徳秋水ら死刑。『青鞜』創刊	中国（清）辛亥革命
1912	大正1	明治天皇没	中国（清）溥儀退位、清朝滅亡

（出版部作成）

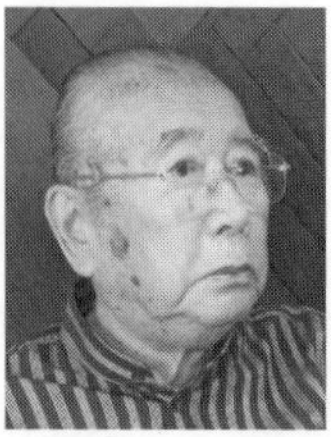

童門冬二（どうもん　ふゆじ）
1927（昭和２）年、東京生まれ。都庁に勤務し、広報室長、政策室長などを歴任。79年に退職後、主に組織と人間をテーマにした歴史小説の執筆活動に専念。『童門冬二の歴史に学ぶ智恵』（中日新聞社刊）のほか『小説上杉鷹山』『小説直江兼続』など著書多数。企業、自治体などでの講演も多い。愛知県東海市立平洲記念館名誉館長。

村上　保（むらかみ　たもつ）
1950（昭和25）年、愛媛県生まれ。彫刻家・イラストレーター。2000～01年文化庁派遣芸術家として英国留学。『童門冬二の歴史に学ぶ智恵』『童謡の風景』シリーズ（中日新聞社刊）の挿絵を担当したほか、音楽CDジャケット装画も数多い。著書に『村上保イラストレーション集』など。

童門冬二の先人たちの名語録

2011年８月４日　初版第１刷発行

著　者　童門冬二
絵（きりがみ）　村上　保
発行者　山口宏昭
発行所　中日新聞社
〒460-8511　名古屋市中区三の丸一丁目６番１号
電話　052-201-8811（大代表）
電話　052-221-1714（出版部直通）
郵便振替　00890-0-10番
装丁・本文デザイン　オンダ・デザイン事務所
印　刷　サンメッセ株式会社

ISBN 978-4-8062-0628-6　C0021
定価はカバーに表示してあります。乱丁・落丁本はお取り替えいたします。